Das Andere
23

Ilaria Gaspari
Lições de felicidade

Tradução de Cezar Tridapalli
Editora Âyiné

Ilaria Gaspari
Lições de felicidade.
Exercícios filosóficos
para o bom uso da
vida
Título original
Lezioni di felicità.
Esercizi filosofici per il
buon uso della vita
Tradução
Cezar Tridapalli
Preparação
Érika Nogueira
Revisão
Juliana Amato
Mariana Delfini
Projeto gráfico
CCRZ
Produção gráfica
Daniella Domingues
Imagem da capa
Julia Geiser

Direção editorial
Pedro Fonseca
Coordenação editorial
Sofia Mariutti
Assessoria de imprensa
Amabile Barel
Designer assistente
Gabriela Forjaz
Conselho editorial
Simone Cristoforetti
Zuane Fabbris
Lucas Mendes

2019
© Giulio Einaudi editore
s.p.a., Torino

Segunda edição, 2024
© Editora Âyiné
Praça Carlos Chagas
Belo Horizonte
30170-140
ayine.com.br
info@ayine.com.br

Isbn 978-65-5998-155-7

Sumário

9   A felicidade dos antigos

    Lições de felicidade
17 Conhece-te a ti mesmo
23 Primeira semana
    Uma semana pitagórica
45 Segunda semana
    Uma semana eleática
69 Terceira semana
    Uma semana cética
93 Quarta semana
    Uma semana estoica
119 Quinta semana
    Uma semana epicurista
141 Sexta semana
    Uma semana cínica

159 A estante dos livros usados neste experimento

Lições de felicidade
Exercícios filosóficos para
o bom uso da vida

É vão o discurso do filósofo que não cura algum mal do espírito humano.
Epicuro

A felicidade dos antigos

Houve um tempo em que o mundo era muito mais jovem; a filosofia, então, era uma invenção novinha em folha nas mãos do primeiro dos Sete Sábios, o protofilósofo Tales.

Diz a lenda que certa noite, enquanto perambulava com os olhos fixos nas estrelas, sem se importar com o chão onde pisava, Tales tropeçou e caiu em um poço. Infelizmente, andava ali por perto uma criada trácia: viu-o revirado de pernas para o ar e, em vez de oferecer-lhe ajuda, pôs-se a rir dele, que se ocupava tanto de conhecer as coisas do céu, mas não enxergava o que estava à sua frente. Esse apólogo tão espirituoso — com a sua ilusão de lua no poço, a comicidade involuntária do filósofo distraído, a sagacidade da menina — fez, ao longo dos séculos, grande sucesso: não se perde uma oportunidade de contá-lo quando se pensa em Tales, e muitas vezes é usado para reivindicar a superioridade do senso prático e concreto sobre as quimeras da especulação pura.

Mas quem acredita ter encontrado na anedota um bom motivo para zombar dos filósofos e sugerir a inutilidade de suas divagações, faria bem em voltar ao momento em que a historieta surge na forma tal como a conhecemos, com Tales e a menina desempenhando seus papéis, respectivamente, do professor distraído e da figura simplória porém dotada de sólido bom senso. Acontece no *Teeteto*, diálogo platônico que se refere a uma conversa entre Sócrates — é ele quem conta o infortúnio do sábio no poço, retomando o tema de uma fábula de Esopo, em que quem tropeçava era um astrônomo vaidoso — e o jovem matemático Teeteto. A conversa, segundo o contexto do diálogo revela, aconteceu alguns anos antes, durante a vigília da morte de Sócrates. E esse é um detalhe importante: porque sabemos todos — nós o sabemos, hoje, mas sabiam-no melhor ainda os atenienses de então — como Sócrates teria sido morto: na prisão, por decreto do bom e velho bom senso de seus concidadãos, que não queriam mais saber daquele excêntrico encantador e de sua filosofia, e temiam que ela corrompesse seus jovenzinhos enfiando-lhes estranhas minhocas na cabeça.

Iluminada pelo presságio tétrico da morte anunciada na narrativa em abismo do diálogo, a figura do filósofo ridicularizado funde-se com a do filósofo assassinado. Para Sócrates, de fato, o escárnio dos que não souberam (ou não quiseram) entender o significado das investigações que ele conduzia, perscrutando as coisas do mundo em busca da verdade, ganhou uma nota atroz: não é tão óbvio assim — insinua Platão, confiando a si próprio a tarefa de contar a história de Tales — que as serviçais da Trácia tenham sempre razão.

Muitas vezes, no entanto, e sobretudo em períodos de transformação e de crises como os que estamos vivendo, a voz do bom senso ergue o tom e se acha no direito de dizer que a filosofia é perfeitamente inútil, mania de vetustos professores distraídos que tropeçam no primeiro obstáculo: por que então devemos estudá-la, se não serve para nada?

Contudo, seria melhor observar os gregos antigos: pois, para eles — e nisso são muito mais modernos do que nós —, não deveria existir hiato entre especulação e vida. A seus olhos, a oposição entre teoria e práxis filosófica era realmente tênue. E a ambição principal do filósofo não era alinhavar sistemas, nem especular abstratamente: como disse no século III a.C. o platônico Polemon, era sobre as «coisas da vida» que deveríamos nos debruçar. A filosofia era então em primeiro lugar uma escolha, uma maneira de viver, e era de fato praticada nas *escolas*: e as escolas — que floresceram durante toda a época helenística, conhecendo um enorme sucesso em tempos semelhantes ao nosso sob muitos aspectos, tempos de transformação e de crises, e de busca ansiosa pela felicidade — não eram lugares onde se estudava e pronto. Eram verdadeiras comunidades, associações livres cujos discípulos se reuniam em torno de um mestre que não falava para construir instantaneamente estruturas conceituais mirabolantes, mas para formá-los.

Nas escolas, compartilhavam-se tempo e hábitos e vivia-se uma vida comum no respeito às normas e aos ensinamentos transmitidos pelo mestre. Em suas orientações gerais, nos seus princípios, como escreveu Pierre Hadot, «todas as escolas filosóficas da Antiguidade recusaram-se a considerar a atividade filosófica puramente intelectual, puramente teórica e formal, entendendo-a, ao contrário, como uma escolha que compreendia toda uma vida e o espírito em sua totalidade». A filosofia não era um puro exercício especulativo, mas um engajamento espiritual.

A filosofia das escolas era, acima de tudo, uma arte de viver; um treinamento severo destinado não apenas a estimular a inteligência do discípulo, mas a transformar a sua existência por meio de uma série de regras, de pensamento e de vida. Tais regras dão forma a uma sabedoria que não se põe jamais como alternativa à felicidade; em vez disso, principalmente nas escolas nascidas no cerne do pensamento socrático, realiza-se justamente na vida feliz do sábio.

A felicidade dos antigos (εὐδαιμονία, *eudaimonia*: composto por εὖ (*eu*) — «bem» — e δαίμων (*daimon*) — «espírito, sorte») é um destino feliz que se nos constrói devido à justa postura do corpo e da mente; e é uma forma quase heroica de fidelidade a si mesmo, de dedicação à própria vocação natural — que é, justamente, a de ser feliz. É um exercício de liberdade, não apenas pelas ironias do destino, pela originalidade em relação à opinião dos outros ou pelas peças que a sorte nos prega, mas também e principalmente por nós mesmos; por causa do automatismo dos hábitos, das reações imediatas que nos transformam em fantoches à mercê de um sistema de crenças aceito irrefletidamente. Por isso, as regras das escolas estabelecem uma progressão de exercícios que exigem que quem as cumpre coloque continuamente em discussão a própria disposição interior — e, também, a exterior.

Tais escolas estão todas fechadas agora, e já há muito tempo. Séculos. Da vida inimaginável que se devia viver no Jardim de Epicuro, ou sob o pórtico pintado da Stoá [στοά], não nos resta nada além de fósseis esparsos, fragmentos de textos que superaram a passagem do tempo para nos trazer vestígios das vozes de mestres cujas imagens estão envoltas por uma aura lendária.

Hoje as escolas os estudam, e a filologia nos oferece instrumentos inestimáveis para indagarmos seus segredos, auscultar os documentos que restam, reconstruir por meio de conjecturas o que se fez invisível. Podemos estudá-los, podemos discutir as contradições no seio das várias doutrinas, procurar as raízes de normas e tabus; podemos cravar os olhos nos testemunhos como Tales cravava os olhos no céu e na lua. Ou podemos olhar para cima também nós e pensar que a luz daquela estrela que vemos agora devia já estar em viagem para nos encontrar enquanto Sócrates, perto de morrer, falava da criada trácia, e até mesmo quando Pitágoras proibia energicamente seus discípulos de tocar em carne ou em favas. Podemos pensar que existiram de verdade tais mestres de filosofia e seus alunos, e que eram homens (e, de vez em quando, muito raramente, mulheres) como nós. E, se eles forjaram usos e costumes a partir das regras das escolas que frequentavam, se empreenderam rigorosos exercícios espirituais em busca de alcançar a felicidade de que ainda — e sempre — falamos tanto, se aprenderam a viver a partir de seus mestres, por que hoje, distantes quase anos-luz, não podemos realizar essa tentativa também nós? Que desperdício seria desprezar aquele patrimônio de sabedoria prática! Ainda bem que ninguém nos proíbe de fazer matrícula em algumas dessas escolas, as que mais nos atraem, em um exercício de alegre diletantismo, em um experimento existencial e filosófico livre de pretensões filológicas, mas sério, a seu modo, como é sério tudo aquilo que nos impulsiona a revolver perspectivas, embaralhar as cartas, inverter pontos de referência.

E se também terminarmos no poço, de pernas para o ar, paciência. Ouviremos os passantes rirem; e a quem nos disser que a filosofia não serve para nada, responderemos que, ao contrário, serve sim, e como, para aprender a viver. E quem sabe riremos também nós, às gargalhadas, como aconteceu com o filósofo estoico Crísipo de Solis, que literalmente morreu de tanto rir enquanto via seu burro comer figos e tomar vinho.

Lições de felicidade

Conhece-te a ti mesmo

Quando é noite, olho as luzes acesas nas casas dos outros. Na frente tem o quarto de dois menininhos, irmãos que brigam e lutam enquadrados pela janela; às vezes, em vez disso, fazem as tarefas nas escrivaninhas, mas dura sempre pouco, porque logo começam a se estapear de novo. À direita do quarto deles, a janela seguinte é de uma sala de estar; grandes estantes nas paredes, luminárias de chão, muitos quadros, uma *Ficus benjamina* que precisaria ser regada: a cada noite eu conto uma folha a menos, agora ela está quase nua. Em cima da sala há uma cozinha, é o lar de um casal de velhinhos; a luz fria e clara demais reflete nos móveis espartanos, de rádica, que parecem estar vivendo naquela cozinha já há uns bons anos. Jantam às dezenove e trinta, todo santo dia, e ele fica de costas para a janela; ela o serve e, quando terminam, por volta das dezenove e cinquenta, é ele quem lava a louça. Ela permanece sentada à mesa e sabe-se lá o que contam um ao outro. Pela primeira vez me pego pensando que, da casa em frente, também eles — os irmãos, a mãe deles que acende a luz da sala de estar, os velhinhos — podem ver as minhas janelas iluminadas; mas será a última noite que verão esta casa como é agora, como sempre foi desde que moro aqui.

Amanhã os livros da estante terão desaparecido, engolidos pelas caixas de papelão que já estão na entrada, só esperando para serem preenchidas. Nesta casa muito amada, onde conheço o lugar de cada coisa porque fui eu que pensei nele e o encontrei, de repente me sinto como se estivesse dentro de um teatro, sozinha — o outro ator foi embora; a ultimíssima apresentação de um espetáculo que foi aos palcos durante dez anos, sem nenhum espectador.

Tenho pouco mais de uma semana para deixar a casa.

Li isso em algum lugar, sabe-se lá onde (até achei que fosse um exagero): as mudanças seriam, junto com lutos e divórcios, os momentos mais traumáticos na vida de uma pessoa. Acontecimentos psicossociais estressantes, dizia o artigo; podem causar cansaço, ansiedade, depressão. Eu tinha achado graça e dito a mim mesma, pousando a revista na mesinha: quanta história! Que mal faria uma mudancinha?, eu pensava, satisfeita como um gato aconchegado diante de um aquecedor.

Então eis que me encontro aqui, a medir minha vida em volume de caixas de papelão: não há mais nada de exagerado nas conclusões daquela pesquisa, na lista esfíngica de episódios desconcertantes, que eu havia subestimado e quase esquecido.

Sou feliz?, pergunto a mim mesma enquanto tiro um quadro da parede e me lembro de quando colocamos o prego, rindo e brigando só de brincadeira porque havíamos errado as medidas. Sou feliz?, pergunto-me ainda, e parece uma pergunta estúpida em um momento assim. A vida em frangalhos, a casa que, com tanta paciência, tentamos tornar parecida com a casa que tínhamos na cabeça, desmontada agora de pedacinho em pedacinho — é claro que estou tudo, menos feliz. Mas, como acontece muitas vezes quando nos perguntamos algo e respondemos precipitadamente, a primeira resposta não é nunca a verdadeira. Ou melhor: não a única.

Estou desesperada, como qualquer pessoa que é abandonada sem mais nem menos, depois de dez anos de amor — além de tudo, com a incumbência de se mudar porque o aluguel de repente ficou caro demais. Essa mudança é uma violência; apesar disso, alguma coisa está acontecendo em mim. É um rasgo, mas como o de um céu de papel machê que se rasga em um teatrinho de fantoche: atrás do cenário eu vejo o céu, o de verdade.

Pela primeira vez depois de muito tempo, reencontro a sensação amarga da liberdade, enquanto tudo desaba e se dispersa. Talvez seja o momento para pensar em uma maneira de ser feliz.

Qualquer um que tenha vivido, uma vez na vida, a experiência inebriante da mudança, sabe: começa-se sempre pelos livros. Aos olhos dos empacotadores, que estão ali prestes a carregar meses, anos, décadas inteiras de vida no refúgio provisório das caixas de papelão, a biblioteca, com as suas enganadoras filas compactas de paralelepípedos regulares, parece uma radiante miragem. Nos raros (mas não impossíveis) casos de bom humor na mudança, a biblioteca é a imagem perfeita, a ilustração concreta daquilo que o inconsciente otimista vai repetindo desde quando decidiu, ou descobriu, que precisava mudar de casa: vai ser fácil. Antes que você perceba estará tudo embalado. Mesmo nos momentos em que prevaleçam niilismo, desânimo, preguiça, ansiedade diante das caixas, a biblioteca parecerá uma tábua de salvação: se embalar as outras coisas da casa sugere contorcionismos e desafios à la Tetris, a biblioteca é o exercício fácil, a parte veloz a ser encarada como um aquecimento para as tarefas ingratas que virão em seguida.

Claro, é um erro. As bibliotecas obedecem a misteriosas leis entrópicas, segundo as quais os livros se multiplicam e mal entram nas caixas. Mas a mudança começa sempre por elas; e talvez não só porque pareça mais fácil assim. O fato é que esvaziar uma biblioteca é como tornar-se de improviso arqueólogo de si mesmo. A cada nova estante levanta-se o pó de meses, semanas, anos, tardes — fases da vida que desde sabe-se lá quanto tempo não voltavam aos pensamentos e às recordações. Mas, tomando na mão os livros, o passado vem à tona de súbito, de imediato, intacto como uma relíquia.

Eu percebi isso depois de ter acabado de esvaziar as estantes do meio, as mais frequentadas, aquelas dos romances organizados segundo um critério cronológico-geográfico que a negligência aos poucos compromete. Nas prateleiras mais altas, já há muitos anos lá, muito mais ordenados do que eu pudesse acreditar ou recordar, estavam os livros da universidade.

Alguns deles eu nunca mais tinha pegado desde o dia em que os guardara: no entanto, só de folheá-los, deparei-me — depois de um acesso de espirro devido ao pó que os recobria — com as mais vívidas lembranças das provas. Manhãs de sol, café no bar do departamento de Filosofia, os colegas que discorriam acerca de tudo, barbas e óculos de professores, sessões de inverno e de verão, uns assistentes inflexíveis e outros tranquilos, últimas chamadas, nervosismo e formulários, perguntas aos montes, a nota no histórico. As noites das vésperas das provas eram as de estudar com os amigos, a cafeteria fervendo sob as frases mais supersticiosas. Tudo como se tivesse acontecido ontem, não dez anos atrás. Filosofia política. Estética. Filosofia da linguagem. Filosofia teórica, i e ii, todo o arsenal, Kant e Schopenhauer. E o curso sobre Nietzsche e o niilismo — na caixa de papelão. Por um instante, penso que talvez fosse o momento certo para reto-mar *Humano, demasiado humano*. Mais humana do que isso, afinal, eu nunca me senti.

Já na iminência de abandonar tudo e me enfiar na lei-tura, empoleirada no alto da escada, me detenho. É minha vida que está desabando aqui, não a minha *Weltanschauung*. Ou melhor, sim, também ela — mas nisso eu penso amanhã, nas questões teóricas, e por amanhã eu quero dizer um vago e remoto amanhã, quando todo esse rebuliço passar, e talvez a vida dê um jeito, como às vezes acontece, de reparar sozinha a minha visão de mundo. Então, em cima da escada, estou sozinha, coberta de poeira, desorientada, e só faço encher, mecanicamente, dez, vinte, trinta caixas com a fina flor da sabedoria humana.

Estudei filosofia, caramba, mas com um comportamento tão necrófilo! Estudei-a como uma coisa morta — como fui estúpida, formar-me sem sequer sonhar com a riqueza que eu tinha! Estava tudo diante dos meus olhos e eu não vi nada. De repente, todas as coisas se tornam espantosamente simples. Estes livros que eu não folheava havia anos, não devo apenas abri-los, não devo apenas relê-los: devo deixar que me ensinem alguma coisa, que me eduquem, enfim. Em vez de ceder ao pessimismo, quero aprender a viver. Vou me curar com a filosofia, como os antigos. Para encontrar um sentido para o bordão esculpido no templo de Apolo: *conhece-te a ti mesmo* — o que isso quer dizer? Somos quem somos também graças ao conhecimento que temos de nós, ou não? Irresolúvel enigma sobre o qual nunca me perguntei, desde quando… desde a prova de filosofia antiga, e agora aqui na minha frente, na última prateleira de cima, à esquerda da janela. Pendendo da escada, sem me dar conta do perigo, inclino-me para a estante enquanto os dois irmãos, do quarto deles lá no outro lado da rua, apontam para mim e dão risadinhas — mas o que importa?, Tales também foi vítima do escárnio da serva trácia quando tropeçou no poço procurando a lua. Eis que ela está ali, vindo à tona depois de anos de esquecimento, como uma habitação recém-desenterrada por um arqueólogo sortudo: a minha primeira prova, *História da filosofia antiga*. Tudo está ali, e de cada livro eu trago uma lembrança. As *Vidas e doutrinas dos filósofos ilustres*, de Diógenes Laércio; a monumental coletânea de fragmentos dos pré-socráticos, o Diels-Kranz. A capa prateada do livro de Pierre Hadot, *Exercícios espirituais e filosofia antiga*, me escapa dos dedos; por causa de um instinto idiota que me fez querer impedir que caísse, por pouco não me estatelo para recuperá-lo, como se ele fosse de porcelana. Saímos ilesos — eu por milagre, o livro porque planou suavemente até o chão.

Pego-me sentada no chão, em meio à confusão de caixas, lendo. Subitamente, junto com o alívio por não ter quebrado o pescoço, veio-me a iluminação. Preciso de uma *escola*, e de escolas, a filosofia grega antiga produziu um monte delas. Vou me matricular em todas as que eu puder. Começará assim — agora que mais preciso delas, agora que eu teria coisas bem mais urgentes de que me ocupar — a minha educação filosófica, a minha busca da felicidade.

Primeira semana
Uma semana pitagórica

Início de terça-feira: a segunda eu usei para memorizar os preceitos. Como cantigas, um verso depois do outro, vou declamando em voz baixa no ritmo forçado que imita octossílabos, o mesmo que usei muito tempo atrás para decorar a sequência dos reis de Roma e das montanhas da cordilheira dos Alpes: agora trabalho com quinze regras que, na verdade, são tabus, ao que parece, tabus primitivos que revelam, segundo estudiosos célebres, a matriz tribal da escola pitagórica. E me imagino entrando e fazendo eu também parte dessa escola antiga, não muito diferente de uma seita, sob a orientação de um filósofo que devia ser também meio xamã, embora na gaveta empoeirada da minha memória escolar ele reapareça primeiro apenas como descobridor de um teorema homônimo; teorema que, na verdade — descubro horrorizada —, não consigo sequer enunciar, muito menos demonstrar.

Não faz mal: aqui se trata de abrir espaço para quinze frasezinhas misteriosas, que seria bom conhecer antes de começar a aplicar. Repito-as no elevador, repito-as descendo as escadas, repito-as até perderem o sentido, como um nome mil vezes pensado; enquanto escovo os dentes e enquanto empacoto meus vestidos, que se mudam comigo. Repito-as por toda a segunda-feira:

1. Não toque nas favas
2. Não pegue algo que caiu no chão
3. Não toque em um galo branco
4. Não despedace o pão
5. Não salte sobre vigas
6. Não use ferro para atiçar o fogo
7. Não morda um pão inteiro
8. Não rasgue as guirlandas
9. Não se sente sobre um jarro
10. Não coma coração
11. Não caminhe pelas estradas principais
12. Não permita que as andorinhas compartilhem do seu teto
13. Não deixe marcas nas cinzas, revolva-as quando retirar a panela do fogo
14. Não olhe para um espelho próximo a uma fonte de luz
15. Não deixe marcas do corpo nos lençóis, alise-o

Aos quinze preceitos, que decorei como a uma ladainha, é preciso acrescentar aquele fundamental, e, ainda bem, simples de interpretar, do vegetarianismo. Todos os textos sobre Pitágoras falam disso. Diógenes Laércio, por exemplo, conta que Pitágoras fazia o desjejum com pão e mel, e no jantar não comia nada além de verduras cruas. E que, além disso, tinha o hábito de importunar os pescadores que voltavam à noite com os barcos carregados, para que devolvessem ao mar todos os peixes que haviam pescado.

Ovídio relata que era comum ele lançar mão de argumentos muito convincentes a quem comia carne, e parece que não eram muito sutis. Dizia aos carnívoros, sem meias-palavras, que seus corpos avolumados eram contra a natureza, que regurgitavam as tripas dos outros nas próprias tripas, que seus dentes eram presas cruéis e que traziam para o presente os hábitos dos Ciclopes, quando, em vez disso, a terra oferecia tantos bens divinos que permitiam banquetes completos sem massacres.

Tornar-se pitagórica é uma questão. No sentido de que, dentre as regras, há algumas realmente incompreensíveis. Jâmblico já costumava dizer nos tempos antigos, imagino enquanto tento me equipar para entender, pelo menos, o que afinal estou tentando obedecer. Seriam restos tribais, como dizem Popper e John Burnet: mas, para Jâmblico, no século III, como para mim hoje, algumas, mais do que regras de conduta filosófica, soam como preconceitos supersticiosos.

Em *Noite de reis*, Shakespeare zomba de tais regras por meio de um bufão que desafia Malvólio — o mordomo da bela sra. Olívia — a caçar uma galinhola, mesmo consciente — graças à crença pitagórica na metempsicose — de estar correndo o risco de devorar por engano a alma de sua avó. É engraçado que, dentre todas essas regras, tenha-se concentrado justamente sobre aquela do vegetarianismo, que, no fundo, é a mais seguida hoje, por motivos místicos, éticos ou apenas de saúde; e de vez em quando, talvez, porque regras precisam ser ditadas, e sempre se encontra um motivo para justificá-las depois.

Certamente as normas pitagóricas são desconcertantes; coisa de velhote, dizia o simpático Jâmblico; de neuróticos afetados por distúrbio obsessivo-compulsivo, digo eu, que, porém, não demoro muito a me reconhecer em um quadro como esse. E pensar que, depois de ter vagado por muito tempo dando voltas, escolhi começar pelo pitagorismo justamente porque fui encorajada por essa abundância de preceitos. Eu pensei que seria bom ter instruções precisas, para me orientar: não se pode improvisar um estilo de vida digno de um exercício filosófico sem alguma diretriz que o ajude a introduzir em si uma outra visão do mundo, ou pelo menos uma nova prática de vida.

Além disso, é claro que a escola pitagórica se presta perfeitamente ao meu insólito objetivo porque, entre os pitagóricos esotéricos — os adeptos que ingressavam naquela parceria de vida e filosofia que era a escola —, havia dois grupos bem distintos: os acusmáticos e os matemáticos. Os acusmáticos (isto é, os ouvintes: digamos, pitagóricos em fase de testes) conheciam somente os aspectos *práticos* da doutrina, viviam basicamente como vivo eu na minha semana de pitagórica: conservando a propriedade dos meus bens e atendo-me ao pitagorismo como pura regra de conduta. Mas, depois de uma verdadeira iniciação, os acusmáticos podiam se tornar matemáticos, ou seja, ser introduzidos aos aspectos especulativos, *científicos*, da doutrina — que deveria, no entanto, manter-se em segredo: tanto que aquele sujeito que divulgou a existência dos números irracionais provocou, é o que se diz, a ruína da escola. Eram os matemáticos vivendo a vida em comunhão, respeitando uma disciplina rígida e renunciando à propriedade privada.

É muito bom que eu possa me identificar com uma categoria bem específica de adeptos. Claro, desse experimento existencial eu não posso pretender excessiva precisão filológica — a minha versão do pitagorismo carece, por exemplo, e totalmente, do aspecto comunitário da escola. O que me faz mergulhar em uma espiral de reflexões melancólicas sobre o implacável individualismo dos tempos atuais, mas paro logo — eu mesma ficaria desconfiada, e não pouco, se alguém subitamente me propusesse fazer parte de uma seita. E cá estou, tendo de enfrentar um pequeno paradoxo: são coisas que acontecem quando se joga com o estranhamento e se trilha um caminho de experimentação excêntrica como esse em que me meti. Acabei de perceber que não há como saber se os responsáveis por esse meu isolamento monádico são os tempos em que vivo, ou se não — é algo mais meu mesmo. Pois não funciona ler Montaigne (ainda que ajude) para entender que não se pode traçar um limite claro entre si mesmo e o próprio tempo, com seus hábitos e suas modas, com os seus critérios para distinguir o que é «normal» daquilo que não é. Vou me lembrar disso da próxima vez que surgir em mim a tentação, obtusa e reacionária, de desvalorizar os maus costumes de hoje em dia — talvez, penso, o experimento já esteja funcionando. E, em todo caso, sirvo-me de normas específicas: é um experimento ético, prático, idiossincrático como a minha ideia de felicidade — ao menos agora, com o experimento recém-começado: mas já não tenho certeza de que o caminho não mude conforme o caminhar.

Entre outras coisas, até onde sei, a escola pitagórica acolhia de braços abertos também as mulheres — o que na época era tudo, menos óbvio. E digo mais: a única filósofa da Antiguidade cujo nome lembramos ainda, Hipátia, mesmo sendo, no sentido estrito, neoplatônica, demonstrou um pensamento imbuído de pitagorismo; foi, não por acaso, filósofa e matemática ao mesmo tempo. Viveu muito tempo depois de Pitágoras, na Alexandria dos séculos IV e V d.C. Nesse meio-tempo, Platão, Aristóteles e uma porção de outros filósofos contraíram, cada um a seu modo, uma dívida com Pitágoras, que, como observa Bertrand Russell, primeiro deu forma ao raciocínio dedutivo que está na base da filosofia. Hipátia, que parece ter sido muito bonita e muito determinada a permanecer solteira, dedicou-se sobretudo à matemática: geometria, álgebra, astronomia. Projetou astrolábios e desenvolveu um instrumento de nome bem sugestivo, urinômetro, que servia para determinar o peso específico da urina. Além disso, os pitagóricos foram os primeiros a intuir a ligação entre medicina e matemática. Infelizmente, também Hipátia, como muitas mulheres independentes que viveram antes que ser independente fosse, para as mulheres, algo óbvio — mas já ficou óbvio de verdade? —, foi transformada em uma espécie de símbolo, de bandeira ou de «exemplo». Um símbolo para poucas e poucos, claro — a popularidade de uma filósofa alexandrina do século IV, ainda que sejam feitos filmes hollywoodianos sobre a sua vida, dificilmente será celebrada como uma grande estrela; em vez disso, porém, fica como um vulto pontilhado entre heroísmo e martírio, como uma santa pagã.

Com efeito, material para fazer dela uma figura lendária não falta. Morreu de forma violentíssima, Hipátia, que usava manto de filósofo e dava aulas abertas de filosofia pela cidade, vista com desconfiança pelos cristãos, que não engoliam bem aquela história. Foi arrancada de sua carruagem em um dia da quaresma do ano 415 d.C. Um grupo de cristãos liderados por Pedro, o Leitor, conta Edward Gibbon, arrastou-a para a igreja e ali, de maneira selvagem, seu corpo foi dilacerado com — prepare-se — conchas afiadas. Depois, atearam-lhe fogo.

Copiei, de qualquer modo, as regras em boa caligrafia e, para o caso de me esquecer de alguma delas ao longo da semana, grudei-as com fita adesiva em cima da cama, único móvel remanescente no quarto vazio. Não há uma norma que o proíba, não entre as pitagóricas, quero dizer. Haveria bom senso, mas talvez seja somente a voz dele a me repreender, com um resmungo: não se deve pendurar nada nas paredes. E eu mal tinha mandado colocar moldura em um desenho comprado às escondidas, caro, de um *bouquiniste* em Paris, para lhe fazer uma surpresa. Era uma ilustração de um velho livro, com Babar e Celeste em duas pequeninas camas paralelas. Não me lembro mais dos detalhes, só da atmosfera que tinha aquele quarto desenhado, um ar fresco de casa e de aconchego: mas a ilustração sob o vidro eu nem fui buscar, deixei-a com o moldureiro.

Eu sou assim.

Não enfrento os conflitos, me esquivo. Sempre dentro do princípio de um hedonismo tímido, que uns chamam de vida tranquila. Quantas vezes ouvi essa expressão — algumas delas vindas com um suave tom de acusação, outras mais frequentes como uma justificativa subentendida. Mas talvez fosse mais justo dar às coisas o seu nome e dizer que sempre foi preguiça. Puríssima preguiça; único verdadeiro princípio inspirador da minha vida. Fico me perguntando se não foi também por isso que ele decidiu ir embora. Desencontros aqui e ali, muito raras as reconciliações, que me parecem ser, dos momentos da vida de um casal, aqueles em que um mais se aproxima do outro. Segui as suas regras, sem dar muita atenção, sem me aplicar. Só agora me pergunto por quê. Porque não sei respeitar as regras, porque não consigo me impor nada; e assim acaba que eu não posso impor, de minha parte, nada aos outros.

Inúmeros problemas na minha vida de pessoa adulta, e, antes ainda, também na de menina, nasceram da incapacidade de, como se diz, apropriar-me da situação. Tudo me escapa: sou, para ser sincera, uma procrastinadora em série, de nível profissional. Vocês não têm ideia dos abismos de ansiedade improdutiva em que posso me afundar. Também porque minha procrastinação, pensando bem, mais que preguiça, é apatia.

Tenho condições de arruinar dias inteiros, com o pensamento fixo em «tudo aquilo que eu deveria fazer», com a ansiedade que sobe, lenta e inexorável, como água no convés do meu pequeno barco naufragante em um mar de tarefas impossíveis. De algum modo, o verdadeiro procrastinador sempre consegue, como por encanto, projetar sobre cada fração do presente a sombra daquela espada temporal de Dâmocles, que chamamos de *atraso*. A vida dele é um inferno que alterna vertiginosas angústias com distrações não desfrutadas. O único aspecto satisfatório, nessa autossabotagem meticulosa, está no milagre desencadeado pelo pânico. Aquele verdadeiro, puríssimo, de última hora. Não a angústia opressora do Coelho Branco, não a *sensação* pesada de estar atrasado: mas a frenética certeza irremediável de que o tempo acabou, a adrenalina de estudar em uma noite um programa que exigiria duas semanas — o meu mal, de fato, agravou-se na universidade. Eu sei o que você está pensando. Mas a resposta é sim: tentei sair das espirais sufocantes da preguiça. Tentei fazer listas ordenadas das coisas por fazer, para ir riscando depois com caneta-tinteiro, para que fosse mais prazeroso. Eu me concedi pequenos prêmios, como se eu mesma fosse um cãozinho a ser adestrado, toda vez que concluía algo. Não serviu para nada: continuei desleixada como sempre.

Então, fico me perguntando, conseguirá o pitagorismo me transformar agora, nestes que são os últimos dias na casa que dividimos, e que a minha mania de empurrar tudo com a barriga transformou no teatro de uma permanente queda de braço com o tempo, envolvida com o secreto desejo de ser derrotada 99 vezes para desfrutar de uma caríssima e encarniçada vitória na centésima ocasião?

Devo reconhecer que as regras, antes ainda que eu comece a aplicá-las, já têm o efeito de me fazer questionar os hábitos a que eu me prendia. Continuo a pensar na ideia da transmigração das almas, de um corpo que é deixado em troca de outro. E, para além da evidente malícia que surge aplicando essa metáfora à minha atual situação sentimental — rendendo-me assim, de um dia para outro, talvez ele seja transmigrado diretamente a outro corpo? —, acho que também se pode aplicar isso à questão da mudança. Deixo esta casa como uma alma pronta para renascer em outra forma. Será menor, mais reduzida, mas toda minha, pela primeira vez — será como reencarnar em um colibri.

Em resumo, anuncia-se em mim uma mudança metempsicótica; com a condição de que eu consiga aplicar estas benditas regras e me comportar como pitagórica acusmática, tanto quanto seja possível em uma casa de cidade que dá para um jardim interno compartilhado com um pequeno restaurante cujos cozinheiros escutam de manhã até de noite os grandes sucessos de Franco Califano.

Agora devo somente me esforçar para entender os preceitos. Alguns são incompreensíveis para os não iniciados como eu. E, com efeito, parece que um tal Hipodemonte de Argos afirmava que Pitágoras tinha fornecido uma explicação para cada um dos *akousmata*, mas, como os ensinamentos foram transmitidos boca a boca, com o passar do tempo e o distanciamento das origens da doutrina[1] quase todas as explicações acabaram perdidas: o que sobreviveu, em muitos

---

1   Como exemplo, é citada justamente uma das proibições mais misteriosas: aquela de não despedaçar o pão: «E das explicações adicionais, algumas parecerão conectadas desde o início aos dizeres a que se referem; outras, em vez disso, são colocadas depois; por exemplo, a propósito da proibição de despedaçar o pão, o fato de que isso não seria útil no momento do juízo no Hades. Bem, as suposições explicativas adicionadas para os dizeres desse tipo não são pitagóricas, mas pertencem a estranhos que formularam hipóteses e buscaram dar aos preceitos motivos plausíveis».

casos, foram só as regras, na forma de tabus nus e crus. Tabus «de retorno», de alguma forma: cabe a mim contentar-me com eles. Porque o fundamental é que, por mais que o sentido figurado permaneça obscuro, o literal é, ao contrário, de uma clareza cristalina. Posso, portanto, dispor de uma série de regras para seguir fielmente — e, temo, nunca saberei com absoluta certeza se as seguiram ao pé da letra também os pitagóricos; é certo que floresceu uma série de lendas e anedotas que dão a entender que as coisas aconteceram assim, mas sabemos que as lendas, ainda que se apoiem em um fundo de verdade, tornam impossível estabelecer com exatidão até onde tal verdade se estende.[2]

No início, fico surpresa com esse aspecto enigmático, que me inquieta um pouco. Sinto-me até bem ridícula repetindo frases como «não toque em um galo branco». É inofensivo, eu rio de mim mesma. Fácil obedecer às proibições quando nada nos força a transgredi-las — e certamente eu, na iminência de me mudar de uma ponta para outra de uma

---

2   Existe, por assim dizer, a famosa história dos pitagóricos no campo de favas. Parece — é Jâmblico quem conta — que um grupo de discípulos de Pitágoras estava em fuga por motivos políticos. Encontraram-se em determinado momento diante de um campo de favas em flor. Nem a ameaça dos que vinham a seu encalço foi suficiente para convencê-los a atravessá-lo: permaneceram ali parados e acabaram presos e mortos todos, exceto um certo Milíades e sua mulher, que estava grávida. Arrastados na presença do tirano Dionísio, que os interrogava para descobrir o porquê da proibição de pisar as favas, foram torturados até a morte por se recusarem a falar. De uma forma bastante cômica, Jâmblico comenta aqui que essa história terrível revela o quanto era difícil, para os pitagóricos, «fazer amizade com estranhos». Eis até que ponto, pelo menos dentro da anedótica pitagórica, as proibições eram levadas ao pé da letra! Aliás, a lenda diz que a morte do próprio Pitágoras foi causada pelas favas: também ele, em fuga na direção de Metaponto, viu-se obrigado a atravessar um campo de favas: por não o fazer, deixou-se capturar e acabou morto.

metrópole barulhenta no ano de 2018, não tenho nenhuma probabilidade, nem tentação, de tocar em galos brancos.

Mas vamos às regras: àquelas que eu soube interpretar e àquelas que, por outro lado, ficaram presas em seu sentido literal. Será melhor eu preparar um resumo de como fui arrebatada para segui-las e de como mudei durante a minha semana pitagórica; caso contrário, também este experimento vai acabar vítima da minha preguiça habitual. Que, aliás, descobri ser expressamente proibida pelo pitagorismo.

A primeira regra é um grande clássico, até porque em geral Pitágoras é estudado no terceiro ano do ensino médio: e para adolescentes de dezesseis anos, um duplo sentido tão suculento como aquele a que se presta o primeiro preceito pitagórico — «não toque nas favas» — não pode deixar de ser irresistível.[3] Como ocorre com frequência, o humor (embora tolo e despretensioso, como todo humor hiper-hormonal e tosco de uma turma de estudantes do ensino médio descompensados) deixa entrever uma réstia de verdade. Pois nessa proibição há alguma coisa que realmente diz respeito ao tabu: truque perfeito para provocar graça. Só que o *humour* adolescente subestima as potencialidades dessa primeira regra, concentrando-se no duplo sentido sexual e deixando escapar o escatológico — mais valorizado entre os estudiosos que desde a Antiguidade se ocuparam de decifrar a proibição.

Entre todas as proibições de Pitágoras, essa é a que levanta a maior quantidade de hipóteses interpretativas. Segundo Aristóteles, por exemplo, podia ser motivada pela

---

3   Por serem as favas semelhantes aos testículos. Como se, em português, o conselho pitagórico se traduzisse, de forma pueril, em ficar longe dos «bagos», não os tocar. [N. T.]

semelhança das favas com as partes baixas, ou então com as portas do Hades — semelhanças que, infelizmente, não consigo ver. Ou a partir de outras sutis associações, entre elas a que existe entre favas e oligarquia — dado que, mais ou menos como os grãos de milho no bingo, as sementes das favas eram utilizadas para sortear o nome dos magistrados.

Alguém aventou a hipótese de que a proibição nascesse de uma alergia de Pitágoras: ou seja, que o sábio, sofrendo de favismo, tenha se ocupado de garantir que, sim, todos os seus discípulos evitassem o alimento que fazia mal a ele, como aquelas mães ansiosas que, quando faz frio, obrigam os filhos a colocar uma blusa. E talvez nem assim tenha ficado satisfeito, mesmo envolvendo os seguidores em sua campanha contra as favas; pelo menos conforme certas anedotas que diziam ser Pitágoras, como um bizarro precursor de Francisco de Assis, capaz de também conversar com os animais. Porfírio conta que, uma vez, em um campo próximo a Taranto, Pitágoras viu um boi pastando favas. Para a diversão do vaqueiro, Pitágoras sussurrou no ouvido do boi a ordem para que ele não comesse aquilo nunca mais: o boi não só obedeceu como viveu durante muito tempo, e, além disso, ganhou reputação sagrada no santuário de Hera.

Mas, para o bem da verdade, as interpretações mais plausíveis me parecem as que destacam um desagradável efeito colateral das favas: o fato de provocarem flatulências e de, caso sejam deixadas muito tempo ao sol — como devia mesmo acontecer na Crotona dos tempos de Pitágoras —, emanarem um odor que lembra o da carne em decomposição. Sempre de acordo com Porfírio, de fato, seres humanos e favas no início dos tempos foram formados a partir do caos originário com o emprego do mesmo «material putrefato».[4] E Lévi-Strauss traça aqui uma misteriosa conexão entre as favas e o mundo dos mortos, da impureza e da decomposição.

A meu ver, quem melhor explica o inusitado parentesco entre favas e seres humanos é o naturalista Plínio, o Velho. Segundo ele, o que incomodava os pitagóricos era mesmo a estranha correspondência entre homens e favas que se revelaria no efeito colateral da flatulência: como se as favas, tanto quanto os homens, tivessem uma alma — os gregos a identificavam com o «sopro vital», que é o primeiro significado da palavra *psique* (ψυχή). As flatulências, portanto, seriam sopros vitais impuros; e essa correspondência teria sólidas bases antropológicas, tanto é verdade que também na Índia, assim como na Grécia, a quem devia oficiar funções sagradas era prescrita abstinência das favas antes que ocorressem as cerimônias.

Eu não tenho dificuldade alguma de seguir a primeira regra: ao contrário da regra do vegetarianismo, essa lei tão fundamental para os acusmáticos não provoca nenhuma mudança direta nos meus hábitos. Involuntariamente pitagórica, ao menos no que se refere à minha relação com favas e

---

4   Se já não fosse bastante perturbadora essa ideia, Porfírio se preocupa em acrescentar uma série de repugnantes «provas» empíricas: «Se depois de ter mastigado uma fava e de tê-la esmagado com os dentes, você a expuser um pouco ao calor dos raios de sol, deixando-a ali por um tempo e voltando logo em seguida, será possível perceber que ela emite o odor do sêmen humano. Se, então, quando a fava se desenvolve e floresce, pegássemos um pouco da flor escurecida que vai murchando e a colocássemos em um vaso de barro, tampando-o, enterrando-o e mantendo-o ali no solo, depois de enterrado, por noventa dias, e depois disso, após ser retirado da terra, abríssemos a tampa, no lugar da fava encontraríamos ou uma cabeça de criança bem formada ou ainda um sexo feminino».

legumes, desde a minha mais tenra infância sempre me recusei a colocar na boca lentilhas, ervilhas, favas, feijões e grãos-de-bico. Por qual motivo, não sei dizer precisamente: eu achava, sem nunca parar para pensar muito sobre isso, que tinha algo a ver com o formato, pequeno e redondo, e com uma história que alguém tinha me contado com intuito educativo, deixando-me atônita — a história de um menino que enfiou uma ervilha no nariz, de onde nasceu uma planta inteira, despontando para fora da cabeça. No entanto, também não posso excluir o fato de que o cheiro dos legumes tenha tido desde sempre um papel importante nessa minha recusa, assim como para os pitagóricos.

A segunda regra é: «Não pegue algo que caiu no chão». Sem dificuldade imagino, quase por assonância, que o sentido figurado seja próximo ao de «não chore sobre o leite derramado» — e só Deus sabe quão preciosa é uma regra como essa, ao acabar de ser abandonada depois de anos de amor, quando cada lembrança parece uma censura que se aplica a nós por si só. Mas, para além da metáfora, a que me abraço com a prontidão de um náufrago que se agarra a um colete salva-vidas, há também o sentido literal. Ao que parece — sempre em sintonia com as fixações alimentares de Pitágoras —, seria um alerta aos discípulos para que não comessem muito: como se dissesse — «pelo menos as migalhas, deixe-as para lá». De resto, mesmo as migalhas caídas, para os gregos antigos, tinham algo de sobrenatural, como revela Aristófanes: diziam respeito, por direito, aos *daimones*. De repente, a minha costumeira desatenção à mesa me pareceu um desleixo imperdoável.

Naquilo em que fracassaram as censuras de pais e professores que tentavam corrigir a minha intrépida inabilidade infantil, cristalizada em seguida na preguiça, Pitágoras tem êxito. Pelo menos nas intenções: esforço-me, finalmente, para ser mais atenta. Por sorte esta semana fiz menos migalhas que o normal, graças a duas outras regras cujo sentido figurado é bastante obscuro: a 4 («Não despedace o pão») e a 7 («Não morda um pão inteiro»).[5] Pela primeira vez na minha vida, corto o pão sempre e apenas com a faca, em vez de despedaçá-lo com as mãos em uma explosão de migalhas.

Fico atenta a tudo aquilo que cai, e por uma semana não junto nada. O que me obriga a passar o aspirador de pó — nenhuma regra proíbe isso — com uma aplicação rara. O engraçado é que a casa que estou prestes a deixar nunca esteve tão limpa. Durante um tempo eu mais ou menos confiei na lenda urbana dos «cinco segundos» (se algo acaba caindo e você recolhe antes de ter contado até cinco, basta soprar e agir como se nada tivesse acontecido), quando caía uma maçã ou um tomate, ou mesmo uma torradinha — a não ser que já estivesse com manteiga, condição irreversível porque o lado da manteiga acaba sempre para baixo e, ainda que não tenham se passado os cinco segundos, não dá mais para comê-la. Enquanto eu confiava nessa lei (por sua vez, supersticiosa), não era uma tragédia se algo caísse; eu

---

5   Segundo Diógenes Laércio, tal preceito está ligado ao fato de que o pão seria símbolo de um vínculo baseado na lealdade recíproca (em torno do pão reúnem-se os amigos, diz Diógenes, e despedaçar o pão significaria despedaçar o vínculo). Quanto à proibição de morder um pão inteiro, parece ser uma superstição que sobreviveu também em determinadas culturas camponesas, que a consideram um sinal de mau agouro. De resto, tanto sobre o pão quanto sobre o vinho (que traz infortúnios se entornado «à traidora», com o pulso voltado para cima), concentra-se um número enorme de crenças supersticiosas.

praticamente não me importava. Mas isso antes de me tornar pitagórica. Tal é o esforço de toda vez pegar o aspirador de pó que agora, quase por um reflexo pavloviano, eu presto muito mais atenção. Não vou dizer que não cai mais nada, mas acontece muito mais raramente, mesmo depois do fim dessa semana.

Outras regras correlatas a essa, regras cujo lado «concreto» da metáfora é um bálsamo para uma pessoa propensa à desordem — e o figurado é bom remédio para um coração partido —, são a 13 («Não deixe marcas nas cinzas, revolva-as quando retirar a panela do fogo»), a 15 («Não deixe marcas do corpo nos lençóis, alise-o») e a 12 («Não permita que as andorinhas compartilhem do seu teto»). As duas primeiras têm claramente a ver com a ideia de que, se você precisar migrar — de um corpo a outro, pelo princípio da metempsicose; de uma casa a outra, pelo princípio da mudança —, é importante não se deixar vencer pelo desejo de deixar indícios marcantes demais, ostensivos demais, da própria passagem. Então eu arrumo a cama, toda manhã, com uma precisão nova que me leva a alisar o colchão e a afofar o travesseiro com uma energia inimaginável nos dias em que eu me limitava a puxar de qualquer jeito lençol e coberta. O preceito que se refere à panela eu interpreto como um aviso igualmente redentor para limpar o fogão sempre que cozinho, e não mais — se tudo correr bem — semanalmente. Descubro a satisfação de uma cozinha brilhante, e à noite vou dormir em uma cama tão bem-feita que tenho a deliciosa sensação de deslizar em uma cama de hotel. E quanto à metáfora... ainda que nesse período o meu egocentrismo seja sobretudo negativo, ainda que pareça limitar-se a me infligir toneladas de sentimentos de culpa nas costas, tal a dor em que me encontro, trata-se ainda assim de egocentrismo. Só me faz bem não mais pensar em deixar vestígios, começar a acreditar que não preciso a todo custo deixar minha marca em tudo o que faço, que a minha personalidade não é tão importante quanto eu supunha, que posso ainda permitir-me desaparecer, apagar as marcas, atrapalhar o menos possível, inclusive a mim mesma. Esse pensamento instila em mim uma melancolia quase terna, um desprendimento pouco perceptível das recordações, o que me permite encarar de uma maneira menos simbólica a despedida da casa que estou deixando: como algo que, simplesmente, acontece.

A regra número 12, a das andorinhas, ao que parece significaria a necessidade de «evitar oferecer hospedagem a pessoas tagarelas». Agora que estou sozinha, respeitá-la é muito fácil: tagarela, até onde vejo, não há ninguém. Contudo, há uns pombos teimosos que criaram o hábito de pousar na minha varanda quando não estou em casa, sujando-a de penas e excrementos. Já faz meses que me desespero e toda vez corro atrás deles com a vassoura. Foi necessário Pitágoras para que eu me decidisse a comprar na loja de ferragens aqueles espetos que se chamam justamente dissuasores — e de fato dissuadem os pombos de continuarem se empoleirando. Pelo menos os próximos inquilinos encontrarão uma casa desinfestada de penugens, uma varanda imaculada: todos os vestígios foram apagados.

O que percebo é que meu humor parece ter melhorado dia após dia, principalmente a partir do momento em que comecei a aplicar a regra 2 em sentido figurado e a não chorar sobre o leite derramado. Devo dizer que alguma contribuição a regra número 10 também deu («Não coma coração»), perfeito *pendant* da interpretação metafórica do segundo preceito: por mais que pareça obscuro à primeira vista, «não coma coração», além de se referir a uma restrição alimentar que, no entanto, já está compreendida no vegetarianismo, significa que não é preciso atormentar-se com as próprias aflições.

Todos sabemos, o coração não pode ser comandado. E, se você está triste porque acabaram de abandoná-la, se você se sente sozinha e perdida como Ariadne em Naxos, se está esvaziando uma casa cheia de recordações, ainda que alguém lhe dissesse várias vezes para *não se atormentar com aflições*, seria bem difícil ver seu humor resplandecer de verdade. No entanto, de algum modo surpreendente, o pitagorismo teve sobre mim um efeito anestésico. Como é possível?, pergunto-me. Eu mesma fiquei desorientada. Não digo que me senti eufórica nem que tenha encontrado subitamente a felicidade — a estrada, sei bem, ainda é longa. É longa sobretudo se, como ordena a regra número 11, for proibido «caminhar pelas estradas principais». Vale dizer que o bom pitagórico não deve seguir as opiniões difundidas pela maioria, mas o próprio caminho, muitas vezes mais tortuoso, para chegar a conhecer as causas das coisas. Essa regra, na sua aplicação mais pragmática, traz para mim um inesperado benefício que por si só já diverge do senso comum, para quem a estrada mais curta é também a melhor. Na intenção de evitar as estradas principais, saio e me perco em becos e vielas; atravesso parques e praças, subo e desço escadinhas escondidas. Enfim, caminho como não caminhava há nem sei mais quanto tempo. Chego atrasada a todos os compromissos e perco um tempão bem na semana em que eu deveria ser eficiente e ágil e empacotar rapidamente os meus pertences. Mas caminhar — quem diria — faz bem ao coração. Caminhar, quando se está triste, até que os sapatos incomodem, é uma daquelas iniciativas que a levam à força para fora de você, no mundo; que freiam a espiral dos pensamentos e fazem você se sentir antes de tudo livre, depois exausta. Dois antídotos para a tristeza não infalíveis, mas úteis, são o sentimento de liberdade e o da exaustão; a tristeza, para se sustentar e durar, requer espaços fechados, sufocantes, e energia. Como os vampiros, ela também teme a luz do sol.

A verdade é que eu fico flutuando em um estado de serenidade apenas levemente dolorida. Um pouco por mérito do esforço: só por interpretar as regras e tentar me lembrar delas o tempo todo, ao longo do dia, grande parte da minha energia mental já tem o que fazer. Nessa inédita tensão da vontade, não me sobra tempo para choradeira; como se tivesse sido despertado em mim um pragmatismo até ontem insuspeitado. Mantenho-me ocupada como minhas amigas me repetiam — «mantenha-se ocupada», diziam, e eu pensava que fosse um conselho estúpido. Mas guardava isso para mim; e pensar que eu ainda não conhecia o preceito 6 («Não use o ferro para atiçar o fogo»), que, bem difícil de transgredir na sua formulação literal, pelo menos para quem não tem uma lareira, recomenda ficarmos longe dos entreveros. Por sorte, meu temperamento sempre me manteve longe de acessos de raiva e atritos excessivos: mas, agora que sou obrigada a refletir sobre isso, não se trata mais de um reflexo condicionado. Cabe a mim, portanto, uma nova tarefa: tentar eliminar as causas das irritações mais fortes.

Sem que me desse conta no início, esse experimento existencial que inventei serve *precisamente* para me manter ocupada; e, talvez, espero (iludo-me?), também para me fazer entender alguma coisa a mais sobre mim, sobre a vida, sobre aquilo que ninguém nos sabe explicar: como se vive, como se faz para viver depois de rasgar o pano azul do cenário e descobrir que aquilo não era o céu; ou depois que se abriu caminho para o pensamento de que tudo acaba, ainda que os sintomas do fim restem invisíveis até o final?

Pitágoras prescreve, segundo Porfírio, uma espécie de exame de consciência antes de dormir, e outro ao acordar. Ao que parece (palavra de Porfírio), na hora de dormir, os pitagóricos cantavam uma cançãozinha que dizia mais ou menos o seguinte:

> Não acolha o sono
> nos olhos lentos
> antes de percorrer três vezes
> todas as ações do dia:
> onde eu errei?
> O que eu fiz?
> Qual tarefa minha
> não foi cumprida?

Eu canto essa canção para mim mesma, com uma melodia inventada; de início, desafiando o meu próprio senso do ridículo, depois, com o passar dos dias, com crescente convicção. E, ao acordar, com menos segurança, devido ao excesso de realismo que em geral se segue ao descanso, canto a versão matutina, mais aleatória, que diz:

> Recém-saído
> do doce sono
> examina bem
> quantas ações você cumprirá
> durante o dia.

Mas o exame de consciência eu levo a sério, noite após noite. Na primeira vez eu adormeço soluçando, com o céu já acinzentado do amanhecer. As fronteiras do dia, quando me pergunto onde errei, se alargam: como um rio que desemboca no lago, o tempo se estende, volto meus pensamentos para uma semana antes, um mês antes, um ano antes. Na segunda noite, mal tenho tempo de revisitar meu dia e já estou dormindo, apática, exausta. A partir da terceira noite, começo a entender que não posso me acusar de *tudo* aquilo que deu errado, e que fazê-lo é só um jeito de acertar as contas com pressa e fúria, sem assumir responsabilidade alguma. Pelas manhãs, reabrindo os olhos abatidos, tento percorrer outra vez os pensamentos, encontrar o fio; mas, com o passar dos dias, o despertar me encontra cada vez mais esvaziada. Igual a quando caminhamos muito e os músculos das pernas, na manhã seguinte, ficam inchados, duros; doloridos, mas com uma dor subjacente, que ressoa uma fadiga quase agradável. Começo a distinguir o que fiz, o que disse, o que pensei, o que senti, daquilo que ele disse e fez. Não é fácil; mas já muda alguma coisa. É um exercício quase hipnótico, fico suspensa em um espaço branco, longe da dor lancinante dos primeiros dias. Deve ser quase como meditar, acho.

Mas existem algumas regras que permanecem misteriosas e que luto para seguir, ou melhor: sigo-as sem esforço no plano literal, mas somente porque a possibilidade de transgredi-las é complicada demais para ser praticável. Por exemplo, a enigmática norma número 3 («Não toque em um galo branco»), associada ao aspecto simbólico do galo branco, que captura a escuridão e era sagrado para Esculápio, o deus grego da medicina. A 5 («Não salte sobre vigas») me parece incompreensível: segundo Porfírio, poderia significar que não

43

é preciso explorar ninguém; de todo modo, as vigas estão bem firmes no teto. Quanto à 9 («Não se sente sobre um jarro»): eu nem sequer sei bem a que tipo de jarro ela alude. Leio em Porfírio que deveria significar «não viva no ócio». Mas, desde quando me tornei uma pitagórica empenhada em fazer mudança, o ócio, pai de todos os meus vícios, tornou-se um pensamento muito distante, quase comovente. Estou tão presa à ideia de tentar não perder o foco que a minha preguiça parece ter derretido como neve ao sol. Há ainda a número 8 («Não rasgue as guirlandas»): quais guirlandas? Ainda que eu visse uma por aí, nem sonharia em rasgá-la. O meu guia, Porfírio, explica-me que significa «não viole as leis». Mas nunca fui tão fiel ao que me é prescrito como nesses dias. Tanto é verdade que me atenho rigorosamente até aos preceitos mais absurdos, como «Não olhe para um espelho próximo a uma fonte de luz», e, se preciso sair à noite, passo maquiagem sem me olhar no espelho. Com resultados menos desastrosos do que previsto — descubro assim que conheço meu rosto de memória, muito melhor do que eu imaginava. Às vezes não conseguimos pensar sem as muletas a que estamos acostumados e não sabemos que, em vez disso, poderíamos fazê-lo — como uma criança pequena que tem medo de pedalar sem rodinhas, chora e grita e não tem confiança, mas descobre que a bicicleta permanece em equilíbrio mesmo assim.

E, ao final da semana que passou, pela primeira vez na minha vida, obedecendo a regras absurdas em vez de teimar em não ouvir ninguém além de mim (ou da minha preguiça), inesperadamente me encontro em equilíbrio mesmo assim. Em equilíbrio, e no meio da estrada, rodeada pelos meus móveis, enquanto os homens da mudança carregam as caixas no caminhão.

Segunda semana
Uma semana eleática

Quantas vezes, então estudante de filosofia, ouvi falar sobre o *engano dos sentidos* — como se os ouvidos e os olhos e a língua e as pontas dos dedos e o nariz pudessem passar alguém para trás! E quantas vezes, em vez de levar a sério essa expressão, ri dela, convencida de que o contrário é que era verdadeiro: só nos sentidos é que se pode confiar, eu pensava, e olhava horizontes em que o sol parecia descer abaixo da linha do mar, cheirava flores nos jardins para tentar adivinhar seus nomes e nos departamentos de cosméticos das grandes lojas provava às escondidas os perfumes que me pareciam evocar alguém que um dia reconheci graças àquelas fragrâncias inapagáveis da memória. Por hábito e por convicção, sempre repetia a mim mesma que desconfiar dos sentidos é apenas uma velha superstição, nada além de um antigo preconceito rabugento, sem nenhuma relação com o pulsar da vida — da vida que continua mesmo quando não prestamos atenção nela, que cresce e se transforma, lançada adiante como uma flecha, e que aponta lá longe; enquanto isso, o sol some onde não o vemos.

Continuo a pensar desse modo? Sim, apesar de tudo, sim. No velho duelo entre sentidos e razão, continuo partidária dos sentidos. Como todos, imagino, exceto os neoparmenidianos — sim, eles existem: existem pessoas nesse mundo que amam fazer escolhas radicais.

Porém, devo admitir, refletindo sobre a semana eleática agora que ela passou, que foi um teste duro para esta confiança que me parecia óbvia, dada como certa, o inabalável tácito da minha própria existência. O que aconteceu para que se desestabilizasse uma crença tão sólida? Mas, principalmente: como surgiu em mim a ideia de me inscrever justamente nessa escola, talvez a mais misteriosa, a mais difícil, a mais inacessível de todas, até mais do que a pitagórica — que pelo menos oferecia regras? É o que ainda me pergunto, exausta devido a uma experiência teórica tão radical a ponto de colocar em xeque quase tudo aquilo que eu acreditava saber. Efeito colateral interessante, para o eleatismo, esse de me deixar refém da dúvida. E dizer que Parmênides, que aliás foi aluno de um pitagórico, Amínia (pelo menos segundo algumas fontes citadas por Diógenes Laércio, como Sótion), à primeira vista parecia tão rude e apressado para excluir não apenas do campo da existência, mas até da lista de assuntos dignos de discussão, tudo aquilo que não fosse petrificada certeza.

A principal tese eleática é de Parmênides, e é bastante tautológica: «o ser é algo que é e que não pode não ser». É a única coisa de que me lembro com certeza dessa enigmática escola quando apanho o Diels-Kranz para estudar novamente.

Parmênides escreveu um grande poema em hexâmetros, intitulado *Da natureza*, como muitos outros textos de filósofos antigos (percebe-se que nenhum deles primava pela originalidade dos títulos para se diferenciar dos colegas). Pelo menos à primeira vista, é tão óbvia a tese fundamental dos eleáticos quanto parecem visionários os poucos fragmentos que restam do poema de Parmênides. É a narrativa em primeira pessoa de uma viagem feita pelo filósofo, guiado por algumas deusas misteriosas cujas identidades são debatidas há tempos pelos estudiosos. Descubro com certa surpresa que ainda trago na memória desde os tempos de ensino médio os primeiros versos bizarros do preâmbulo, relatados por Sexto Empírico, que também esboça uma interpretação do poema:

> Os corcéis que me transportam, tanto quanto o
> [ânimo me impele,
> conduzem-me, depois de me terem dirigido pelo
> [caminho famoso
> da divindade, que leva o homem sabedor por todas
> [as cidades.
> Por aí me levaram, por aí mesmo me levaram
> [os habilíssimos corcéis,
> puxando o carro, enquanto as jovens mostravam o
> caminho.
> [...]
> E a deusa acolheu-me de bom grado, mão na mão
> direita tomando, e com estas palavras se me dirigiu:
> «Ó jovem, acompanhante de aurigas imortais,
> tu, que chegas até nós transportado pelos corcéis,
> Salve! Não foi um mau destino que te induziu a viajar
> por este caminho — tão fora do trilho dos homens —,
> mas o Direito e a Justiça. Terás, pois, de tudo aprender:
> o coração inabalável da verdade fidedigna
> e as crenças dos mortais, em que não há confiança
> genuína.[6]

---

6   Tradução de José Gabriel Trindade Santos, direta do original grego, conforme o texto estabelecido por J. Burnet. [N. T.]

Conforme Sexto Empírico, os corcéis representariam os impulsos e desejos irracionais da alma; o «caminho famoso» que «leva o homem sabedor» deveria ser, ao contrário, a investigação fundada no raciocínio filosófico. As jovens seriam as sensações, que, no entanto, fique bem claro, mostram o caminho *só* a quem já foi levado a superar os caminhos batidos pelos homens. E, sempre de acordo com Sexto Empírico, quem acolhe o filósofo é a Justiça, a partir da qual o eleito conhecerá os dois pilares da sua futura doutrina: primeiro, que «o coração inabalável da verdade fidedigna» é o sólido edifício da ciência; segundo, que «as crenças dos mortais», ao contrário, não são sólidas para ninguém.

Na verdade, a interpretação funciona bem, exceto por um detalhe: sobre a identidade dessa misteriosa deusa que acolhe o viajante acumulam-se séculos de discussão, e não é ponto pacífico que se trate da Justiça. Segundo alguns, seria Mnemósine, a Memória; para outros, uma divindade noturna, que poderia ser Perséfone, em pé diante das Portas da Noite, ou seja, do Hades. Há quem diga tratar-se, na verdade, da Necessidade (Ἀνάγκη, *Ananke*); Martin Heidegger sustenta que era a Verdade em pessoa. Eu, sendo adepta voluntária, mas não propriamente iniciada nos mistérios do eleatismo, contento-me em pensar que talvez o nome da deusa se mantenha obscuro devido à inescrutável vontade de Parmênides e que devo prestar atenção às palavras, não à identificação da senhora.

Infelizmente, as palavras da deusa a partir do preâmbulo não parecem menos misteriosas do que sua identidade; e a questão se agrava no segundo fragmento do poema. A deusa nos fala diretamente, mas nós ficamos na mesma:

Vamos, vou dizer-te — e tu escuta e fixa o relato
  [que ouviste —

quais os únicos caminhos de investigação que há
para pensar:
um que é, que não é para não ser;
é caminho de confiança (pois acompanha a verdade);
o outro que não é, que tem de não ser,
esse te indico ser caminho em tudo ignoto,
pois não poderás conhecer o que não é, não é consumável,
nem mostrá-lo [...][7]

Revejo com carinho minhas anotações a lápis, bem
marcadas, talvez escritas um pouco às pressas, sublinhando
as passagens que eu não entendi nas aulas — e continuo sem
entender. Mas eu tinha meus motivos: o problema principal
desse fragmento, segundo os estudiosos, é que Parmênides
não deixa explícito o sujeito gramatical de «é» e «não é»: não
sabemos sequer se se trata de dois sujeitos diferentes ou se é
sempre o mesmo. Para alguns, está subentendido que se fala do
objeto da investigação, enquanto para outros o poeta-filósofo
teria deixado propositalmente essa aura de imprecisão. Mas a
interpretação mais aceita é a de que dois sujeitos estão suben-
tendidos: respectivamente, *o ser* e *o não ser* — assim as duas
frases seriam mesmo tautologias. Que o ser seja e o não ser não
seja, enfim, é um pouco o ovo de Colombo: mas um ovo bem
duro, sem vazios e sem fissuras na casca, liso e redondo como
a verdade. As duas tautologias são verdadeiras, mas a segunda
não seria viável porque, segundo Parmênides, o não ser não
é pensável nem dizível. A primeira, ao contrário, é definitivamente viável, mesmo o fragmento 6, afirmando que «dizer e
pensar são o ser», realiza uma fusão do plano ontológico com
o lógico e linguístico. Dizer que algo «é» significaria dizer não

---

7   Cf. tradução de José Gabriel Trindade Santos. [N. T.]

apenas que *existe*, mas também que é verdadeiro. Em resumo, haveria para Parmênides uma perfeita coincidência entre o pensar e o dizer (de uma parte) e o seu objeto (de outra).

Bertrand Russell afirma que a escola eleática nos deu o primeiro exemplo, em filosofia, de um raciocínio que partiu do pensamento e da linguagem e se estendeu ao mundo inteiro. Seria possível construir uma ontologia mais lapidar do que essa? Talvez, penso eu, ela seja até lapidar *demais*.

Minha cabeça explode nessas horas, mas tento fazer um resumo. Devo sempre ter em mente que o verdadeiro caminho de investigação, para a parmenidiana que escolhi ser esta semana, funda-se sobre o único argumento da incompatibilidade entre ser e não ser e sobre as consequências (mesmo em conflito com o mundo das aparências sensíveis) que se podem extrair dela por meio do raciocínio. Em outras palavras, o efeito paradoxal da afirmação de um ser imutável, originário, imóvel e eterno, é que o devir é abolido e nada permite dizer que desapareça. Devo considerar ilusórias todas as mutações do mundo físico. E, se isso me parece estranho, não estou de todo errada, pois a doutrina de Parmênides leva diretamente a consequências que contradizem o pensamento do senso comum: *paradoxais*, justamente do grego παρά (*parà*), isto é, «contra», e δόξα (*doxa*), «opinião». Tanto é verdade que seu discípulo Zenão se empenhará em demonstrar a tese do mestre por meio do absurdo, ou seja, tentando provar que, se for feito o que Parmênides denega (se, digamos, forem atribuídos ao ser o movimento e a multiplicidade), acaba-se refém de consequências insustentáveis. E é isto que me interessa, como aspirante a eleática: quero ver o absurdo nas experiências do dia a dia, nos pensamentos que estou até acostumada demais a elaborar. Quero tomar distância do que me parece óbvio e tentar enxergá-lo em perspectiva, como se eu fosse arrastada no espaço infinito por uma carruagem conduzida por corcéis alados.

Não é fácil começar, a partir de tais premissas, a minha semana: poderia até me perguntar quem me faz fazer isso. Mas sinto que o que me atrai é a dificuldade da iniciativa, em conjunto com a fragilidade dos fundamentos. Por mais que eu fique matutando sobre os fragmentos do poema *Da natureza*, parece que estou ruminando uma língua estrangeira. Busco outros textos que possam me ajudar e me dirijo a Platão, que tinha grande apreço por Parmênides. Eu li seu diálogo *Parmênides* para a prova de filosofia antiga, num tempo em que as provas pareciam questões de vida e morte, e era preciso ser aprovada para que se abrissem as infinitas possibilidades de um verão livre, livre como podem ser os verões de uma estudante. Era o texto que mais nos aterrorizava: não só era o tópico exigido pelo professor-assistente conhecido como O Pérfido, mas era também difícil falar dele, corria-se o risco de tropeçar a cada passo. Sinto agora, retomando o assunto, a vergonha inconfessável e bem inútil de descobrir uma lacuna na minha memória, em um ponto que eu achava estar tudo completo, tranquilo, sob controle. E ainda não sei que este será também o prêmio da minha semana: aceitar o fato de não dominar o tempo nem as lembranças, de não poder domesticá-los como gostaria. Mas, quando inicio, isso nem passa pela minha cabeça.

O *Parmênides* de Platão, relido agora não para uma prova, mas para entendê-lo e para tentar me matricular de uma vez por todas na escola eleática, é sempre difícil para mim, muitas vezes obscuro. No entanto, percebo algo que na época não me chamava atenção; um escandaloso parricídio. Porque é o diálogo em que Platão enuncia os fundamentos da sua teoria das ideias: e faz isso com palavras que coloca na boca de Parmênides e que nascem a partir das teorias de Parmênides, de que nos sobraram somente os fragmentos entretecidos em um poema bizarro.

Mas nesse mesmo diálogo, na boca de Sócrates, Platão refuta as teorias do Parmênides filósofo: como alguém que, tendo subido em uma árvore, chuta a escada que o levou até ela e fica sentado entre os galhos frondosos a desfrutar a vista lá de cima, com o coração seguro de que não precisará mais descer. Eu tinha uma vaga lembrança dessa questão do parricídio: talvez rabiscado entre os meus apontamentos da época, anotado em um caderno como algo a ser dito numa prova para causar uma boa impressão ao professor, que parecia se importar bastante com o assunto da aula; mas só agora eu a entendo, sinto-a, e não é mais um tema a ser decorado, nem uma nota de tons biográficos, mas algo que tem a ver com a dor profunda de abandonar os próprios mestres.

E eu, quantos deles abandonei, ao longo dos anos? Demasiadas vezes eu os procurei, para não deixar a nenhum a possibilidade de me ensinar algo, assim como Parmênides nada me ensinou — só recorria a ele perto da prova, a fim de trocá-lo por uma boa nota, passaporte para um verão despreocupado. Eu não suspeitava, no início, que na semana parmenidiana eu acabaria refletindo também sobre isso, e tentando vencer a minha avareza — de tempo, de experiência, de cansaço — para provar, enfim, a generosidade. Mas não é o caso de correr tanto. De colocar o carro na frente dos bois de maneira precipitada; é preciso proceder com calma e organização.

Por que escolhi a escola eleática? Essa, sim, é uma boa pergunta. Foi por causa da mudança. Eu sei que no fim da semana pitagórica, abandonada entre tralhas e bagagens carregadas no caminhão: faltavam ainda alguns dias para o momento de deixar a casa, mas nesse intervalo, orgulhosa de ter me organizado tão bem — graças também ao pitagorismo, grande aliado em derrotar a minha antiga inimiga interior, a preguiça —, mandei meus pertences ao meu futuro apartamento.

No velho endereço não tinha mais nada, pensava; quase nada. Eu olhava para as estantes vazias, o pó sorrateiro que já repousava sobre as prateleiras, sobre todas, menos uma: a da filosofia antiga ainda estava ocupada, precisava manter comigo um ou outro livro. Ficar em casa alguns dias sem ao menos a sombra de um livro teria sido arriscado. Eu me arrependeria disso, uma noite, despertada de sobressalto depois de um pesadelo em meio às horas sombrias da madrugada: como eu faria, então, sem um livro que me ajudasse a retomar o sono suspenso? Na cozinha não havia mais nada, apenas três ou quatro bugigangas — um prato, um copo, uma panela pequena, uns talheres. E ainda uns potes com temperinhos, as garrafas de azeite e vinagre. As prateleiras do banheiro estavam vazias, sem a floresta de frascos, tubos e cremes que as abarrotaram durante tanto tempo. Havia ainda blush e rímel, escova e pasta de dente, gel de banho, xampu, uma escova redonda e outra normal, um pente e mil grampos. E havia um lençol sobre a cama, um cobertor leve, algumas roupas, um par de sapatos de reserva, o abajur e uma outra luminária pequena, que guardei só por medo de que os homens da mudança quebrassem a sua haste delicada, que a tornava parecida com uma flor.

Tudo isso, ainda que não pareça, tem muito a ver com Parmênides e com a minha matrícula na escola eleática. Quando a mudança havia quase terminado e o caminhãozinho já tinha ido embora, tive a impressão de que em casa não havia *quase* mais nada... Foi então que descobri que, em certas circunstâncias particulares, como a da mudança, um número finito de objetos pode ser subdividido em uma quantidade praticamente infinita de embalagens, caixas, malas e — principalmente — viagens até a nova casa. Eu nunca tinha visto tão de perto uma dicotomia até o infinito; nunca me pareceu tão real, tão trágico e tão absurdo o famoso paradoxo de Aquiles e da tartaruga.

Nesse paradoxo existe algo de incompreensível e obsessivo, e eu devia ter percebido isso enchendo o que restava da minha velha vida em malas insuficientes, sacos e caixas de papelão, para me lembrar por fim de uma mudinha de manjericão meio morta na varanda. Aquiles e a tartaruga são os primeiros a surgirem na minha mente quando penso nos paradoxos de Zenão, quem sabe por meio da versão humorística de Lewis Carroll,[8] que inventou para si uma tartaruga serena e muito inglesa, que sempre me fez rir. Mas, na verdade, os paradoxos de Zenão (que Bertrand Russell, muitos séculos depois da sua elaboração, teria definido como infinitamente sutis e profundos) são quatro.

O de Aquiles e da tartaruga é sem dúvida o mais famoso: «o mais lento jamais será alcançado pelo mais veloz em sua corrida; de seu ponto de partida, é fato que o perseguidor precisa necessariamente chegar lá no lugar de onde o

---

8 «Aquiles havia alcançado a Tartaruga e se sentado confortavelmente em seu casco.

— Então você conseguiu terminar nossa disputa? — disse a Tartaruga. — Mesmo feita de uma sucessão infinita de distâncias? Eu achei que algum sabichão tinha demonstrado que isso era impossível.—

— É possível — respondeu Aquiles. — E aconteceu! *Solvitur ambulando* [resolve-se caminhando]. Você vê, as distâncias foram diminuindo constantemente e então... —

— Mas e se estivessem aumentando constantemente? — interrompeu a Tartaruga. — Como tudo terminaria em um caso assim? —

— Nesse caso eu não estaria aqui — replicou Aquiles, modestamente. —E você, a essas horas, teria dado várias voltas ao mundo! — »

fugitivo se moveu; de modo que o mais lento mantém-se necessariamente um pouco à frente». Bem isso: o mais lento — que Zenão, como escreveu Aristóteles, personificou em uma tartaruga competindo com o *pé ligeiro* Aquiles, escolhido para obter «um efeito mais melodramático» (e, acrescentaria, também mais surreal) — «mantém-se um pouco à frente».

A experiência nos revela que não é isso o que acontece; e de fato a redução ao absurdo a que tende o paradoxo teria a intenção de nos alertar a não pensar que o espaço pode ser subdividido; caso contrário, cairíamos em uma armadilha, como o pobre herói dos Aqueus, obrigado a correr atrás do animal mais lento do mundo.

Também os outros três paradoxos,[9] todos refutados — como mostra o Aquiles de Carroll à sua tartaruga — pela evidência de que caminhando qualquer dúvida se resolve, revelam que, se passar pela nossa cabeça dividir o tempo e o espaço, a subdivisão poderia em potencial prosseguir infini-

---

9   No primeiro, chamado «do estádio ou das dicotomias», muito similar ao de Aquiles (que é o segundo), não é possível alcançar a extremidade de um estádio sem primeiro alcançar a metade dele. Porém, uma vez alcançada a metade, é preciso alcançar a metade da metade restante, e assim por diante: sem que se consiga jamais chegar à extremidade do estádio. O terceiro é o «da flecha», e mostra que, mesmo que se pressuponha a existência de pontos e de instantes indivisíveis, o movimento resultará impossível de qualquer modo porque da soma de instantes imóveis é impossível resultar algum movimento: uma flecha que parece voar a cada instante ocupa somente um espaço igual a seu comprimento, e como o tempo em que a flecha se move é feito de instantes singulares, em cada um deles a flecha estará imóvel. O quarto, chamado «das massas se movendo no estádio», traz à tona a questão do *continuum* e revela implicitamente a relatividade do tempo: deduz, a partir daí, que um corpo não pode ter velocidades diversas que sejam variáveis com base no referencial (se duas massas em um estádio vierem uma ao encontro da outra, afirma o paradoxo, resulta daí o absurdo lógico de que a metade do tempo equivale ao dobro do mesmo tempo).

tamente: portanto, devemos nos resignar a não dividir nem o tempo, nem o espaço, e a considerá-los, em vez disso, dados sólidos e imateriais.

Matricular-se na escola eleática significa, porém, resistir à tentação de se perder entre as tantas refutações desses paradoxos, inauguradas com as maiores pompas por Aristóteles, que, na *Física*, mostra que todos os paradoxos se baseiam no mal-entendido da infinita divisibilidade do tempo, o qual, ao contrário do espaço — contínuo —, seria muito discreto, ou seja, feito de instantes indivisíveis.

Porque é verdade que *solvitur ambulando*, como diz Aquiles; no entanto, esses paradoxos não são de todo estranhos à elaboração da teoria da relatividade de Einstein. E a mecânica quântica abriga um eco do nome de Zenão: é no *Quantum Zeno Effect*, para o qual um sistema que se deterioraria espontaneamente é inibido de fazê-lo quando submetido a uma série infinita de medidas.

E então, em vez de enlouquecer caçando falácias, eu me contentarei em observar aquilo para o que esses paradoxos me chamam atenção pela primeira vez com uma evidência irrefutável: a importância do modo como *pensamos* o real. Zenão inventou os paradoxos para oferecer à teoria de Parmênides uma prova genial e quase impossível de refutar: a redução ao absurdo. Ele era ligado a Parmênides por uma relação muito próxima, que jamais desembocou em um parricídio simbólico como aquele de Platão para com o sábio de Eleia. Zenão era um homem muito bonito, pelo que dizem os seus contemporâneos: alto e charmoso. Quando Parmênides estava bem velho, para a época, e grisalho — tinha lá seus sessenta e cinco anos —, ele e Zenão, conta Antifonte no *Parmênides platônico*, foram juntos a

56

Atenas para as grandes Panateneias. Foi lá que conheceram o jovem Sócrates, com quem Zenão, que tinha quase trinta anos a menos que Parmênides e um temperamento bem mais incendiário, vivia batendo boca. Não é difícil acreditar nisso: sua figura era definitivamente nebulosa. Durante o interrogatório em que lhe perguntaram com quem estava em conluio — quando o descobriram conspirando contra o tirano Nearco —, ele não apenas falou todos os nomes dos amigos de Nearco, para isolá-lo de seu séquito, como, fingindo então querer confiar-lhe um segredo, deixou que se aproximasse e deu-lhe uma bela mordida na orelha; ou, segundo outros, golpeou seu nariz. Outra versão sugere que, depois de ter dito de tudo ao tirano e de tê-lo chamado de inimigo da cidade, mordeu a própria língua, com uma mordida daquelas, com o único fim de cuspi-la na cara do (imagino) assustado Nearco, que, pouco tempo depois, devido à incitação desse gesto não pouco teatral, teria sido apedrejado por seus concidadãos. O que há ou não de verdade nessas histórias é difícil saber; mas o que é claro é que impressionam, e que Zenão devia ter uma mordida forte. Não se poupava quando a questão era o confronto; portanto, para o velho Parmênides, branco de barba e cabelo, que se diz ter sido seu amante (e que o teria adotado, segundo Apolodoro), não hesitou em afiar seus argumentos, poupando narizes e orelhas de quem discutia com ele na Atenas festiva onde conheceu Sócrates, ou em sua cidade, Eleia, que hoje se encontra na Campânia e na época fazia parte da Magna Grécia: a redução ao absurdo foi a sorte de seus interlocutores.

Quando aderia, por assim dizer, a uma causa, Zenão não recuava. E se essa urgência de lutar tanto contra o movimento e a multiplicidade também me pareceu estranha no início, a semana eleática me mostrou que não se tratava de uma bizarrice tão extrema quando descobri depois a infinita divisibilidade da mobília de uma casa, durante a mudança; e as inúmeras, ilimitadas nuances que assume o advérbio «quase», na expressão «quase acabado», quando aplicada à mudança dita acima — ou, pensando bem, a qualquer trabalho pesado.

A passagem dos paradoxos de Zenão para o mais kafkiano dos suplícios antigos — o de Sísifo — assume uma concretude toda própria nas séries infinitas de viagens de bonde entre a casa agora antiga e a casa nova, vai e volta, volta e vai, com uma mala que encho e esvazio continuamente ao longo desta interminável semana eleática. E atônita por estar matriculada em uma escola que não me concede sequer o conforto de uma lista de preceitos a que me agarrar (o único que se salvou da deturpação do grande poema de Parmênides me incentiva a abandonar o mundo da opinião e a não confiar em mais nada além da verdade: como se fosse fácil), descubro o puro valor existencial dos paradoxos de Zenão. É verdade, não são regras de comportamento; mas são regras de *pensamento*, e assim me pego refletindo sobre minha vida, em vez de me curvar diante de qualquer receita bizarra.

E, como exercício, é bem mais difícil, é bem mais amargo. Tenho saudades da serena paz pitagórica, daquela obtusa obediência que desenvolvi regras algumas vezes incompreensíveis, mas tão reconfortantes.

Agora, em vez disso, só posso pensar; e acabo refletindo sobre o quanto está enraizado em mim o hábito de ver a vida como a flecha que vibra no ar e voa velocíssima, como um Aquiles que com dois saltos supera a tartaruga sem que ela sequer perceba, deixa-a para trás, esquece-a, distante, e ela fica no pó da estrada com sua casa semovente, retardatária, com a fleuma arrastada dos seus passos.

Estou acostumada — *estamos* acostumados? — a me sentir uma flecha arremessada para bem longe; pensamos que é preciso chegar — vibrando no ar que mal consegue nos sustentar — direto ao alvo, para atingirmos a meta, tremer em torno da ponta afiada que acertou a marca — que *chegou*. Mas depois de dois dias envolvida com os paradoxos de Zenão e com o fato de que a experiência sensível da mudança talvez não consiga, depois de tudo, contradizê-los, sou tomada de um desejo bizarro, uma tentação irresistível de revirar tudo e olhar também do outro lado, como se o mundo de repente pudesse marchar em sentido contrário, como se eu quisesse decompor, até o fim, até o último momento desta semana, a minha experiência em um prisma de estupefação.

E então começo a raciocinar de um jeito que não é o costumeiro e a me dizer: e se fôssemos flechas imóveis? E se mirar em algo não fosse mais que um puro acidente, e não uma direção que nos atraísse, nem um lugar para onde seja certo ir, nem uma meta, nem um objetivo? Se não houvesse alvo algum, nenhum movimento orientado, nenhum objetivo a ser atingido; se não houvesse nada além da imobilidade suspensa dos instantes?

É estranho: um pensamento tão banal que eu teria menosprezado se alguém, talvez em um retiro de ioga, tivesse me dirigido com a intenção de me dar um conselho, de me recomendar ir um pouco mais devagar ou de me perguntar para onde estou correndo, agora me parece uma revolução, desolada e já um pouco vencida, mas ainda assim sempre uma revolução.

Talvez seja somente porque cheguei aqui sozinha, seguindo um caminho tortuoso, seguindo as páginas amareladas e o cheiro de livro velho que tem o meu Diels-Kranz, a desolação da casa semideserta, o ar de abandono, a súbita inconsistência de um lugar que havíamos construído parte por parte para que fosse a casa dos dias futuros, quando tudo seria fácil. Mas agora que penso nisso, justamente porque pensávamos apenas naquilo que seria feito, no amanhã, no depois de amanhã, no daqui a um ano, foi como se a nossa vida, minha e dele, juntas, nunca tivesse começado.

Faltava sempre alguma coisa: uma hora era uma estante para montar, um tapete para comprar, uma rotina que só podíamos imaginar em teoria. Tínhamos desejado, por exemplo, jantar à luz de velas, repetíamos o quanto seria bonito, no entanto nunca jantávamos. Primeiro, havia algo imprescindível para arrumar: nós achávamos que a flecha, apontada para uma meta invisível, acertaria o alvo, e não demoraria muito.

Agora vejo — e precisava Parmênides para me revelar isso?, a verdade estava reluzente desde sempre, mas eu era cega. Sim, era necessário Parmênides e eram necessários os paradoxos que Zenão formulou em seu nome há 2.400 anos com implacável inteligência —, agora vejo que a flecha estava obstinadamente parada, em cada um daqueles instantes em que nos parecia possível vê-la viajar quase à velocidade da luz. E, ao contrário, a vida estava imóvel: parada nos instantes em que tudo devia ainda acontecer, quando nos dizíamos que faríamos isso e aquilo e não fazíamos. A vida estava inteira naqueles momentos de cansaço e de suspensão; não era uma corrida desenfreada, no ar que vibra, em direção ao alvo. Que doçura inesperada me prende a esse pensamento;

no entanto, um minuto depois me vejo hesitante, me perguntando se não seria o caso de entrar em desespero. A diferença, pensando bem, não é tão evidente: trata-se ainda assim de um abandono.

E agora eu também vou me rendendo aos poucos. Deveria me render ao pensamento de que não é preciso ser avaro com seu próprio tempo. Acreditar que a flecha deve a todo custo atingir o alvo, acreditar que Aquiles, com os seus pés velozes, deva deixar para trás a todo custo a irritante lentidão da tartaruga, claro, é natural. É o pensamento que nasce da observação contínua da realidade, daquilo que os sentidos nos repetem, do princípio indutivo, que por ora não pretendo contestar. Eu sei que o paradoxo de Zenão não se sustenta, pois é justamente um paradoxo, e disso sabia bem também ele, de outro modo não funcionaria nenhuma redução ao absurdo; sei que os sentidos têm razão e não enganam; não até esse ponto, pelo menos.

Mas há algo que o paradoxo me ensina, em uma casa quase vazia, em dias em que me sinto fracassar e penso na falência absoluta do meu tempo, das esperanças que vi crescendo, da vida que eu acreditava ter construído, um pouco de cada vez, para que o futuro pudesse ser luminoso e fácil e brilhar com a extraordinária eficiência que todos os preguiçosos imaginam em sua inexistente vida futura. Os paradoxos de Zenão ensinam-me que também pode ser um erro sobrepor uma flecha ao tempo, acreditar que o vemos escorrer sempre em uma direção, rumo a um objetivo. E que nos furtamos ao tempo, subtraímo-nos da pequena e perfeita finitude dos instantes quando projetamos tudo lá para frente, quando imaginamos ver o tempo correr; quando pensamos na meta para a qual a flecha aponta e não, em vez disso, no que a sustenta no ponto em que se encontra.

Talvez seja verdade que a tartaruga não é derrotada nem mesmo pelo mais rápido dos heróis. Recorrer a experiências que me formem, que me façam crescer, colecionar fracassos a fim de tirar algo deles, acumular primeiro notas no histórico e depois citações no currículo, sofrer por amor prometendo-me que não vai mais acontecer assim, colecionar sucessos e desilusões, entalhar uma nova marca em minha experiência do mundo, aumentar com outra página a minha biografia — em resumo, pensar a vida como um progresso contínuo e obrigatório, uma resposta ao dever de crescer e de se aperfeiçoar — de repente me parece apenas uma distorção, uma estranha ilusão de ótica.

Porque esse hábito de capitalizar o tempo me tornou mesquinha, insensível à perfeição dos instantes. Pois considerei frustrantes os momentos de imobilidade, de silêncio, os momentos inúteis; pareceram-me desperdiçados e, ao contrário, talvez fossem os mais verdadeiros. Talvez fosse nos momentos em que a flecha permanecia imóvel, suspensa no ar, sem ir para lá nem para cá, que o tempo se revelava para mim como aquilo que era; eu teria entendido, então, se tivesse pelo menos ousado olhar, que os momentos compunham-no como pérolas que compõem um colar. Mas eu não quis vê-los, não quis agarrar os instantes um após o outro, rindo como quando se come um punhado de cerejas; mas eu podia, eu devia tê-los agarrado, em vez de correr pensando no alvo, em vez de desejar a velocidade de Aquiles.

A vida é só uma, claro, como se repete quando se quer enfatizar a espantosa vertigem a nos avisar de que temos um tempo limitado, quando nos assustam com a revelação de que as horas que passamos dormindo são demasiadas e tem-se a sensação de que são horas perdidas, de que vemos o tempo se esvaindo em nada. Porém, não tenho mais tanta certeza de que pensar em dever desfrutar cada instante tenha sentido de verdade. Porque — noto isso somente agora, e sabe-se lá se eu algum dia teria pensado nisso sem a sutil violência lógica que Zenão de Eleia exerceu sobre minha concepção do tempo, até agora tão obstinadamente conformista — é justamente o fato de acreditar que tudo deve ser aproveitado, que toda experiência deve obrigatoriamente nos servir, fazer-nos crescer e amadurecer como frutos na primavera tardia, o que nos torna mesquinhos com o tempo.

Você já pensou sobre isso? Eu, devido à minha preguiça (a mesma preguiça de que tentei me curar com o pitagorismo), além da discutível escolha de trabalhar como *freelancer*, alterno fases de indigência relativa com as de relativo conforto; e, no atordoante revezamento entre essas duas condições, compreendi algo que, como os paradoxos de Zenão, é bastante contraintuitivo: e — que estranho — chego a esse pensamento agora que reflito sobre as bizarras espirais do tempo.

A questão é muito simples: quando (e aconteceu muitas vezes) me vi com pouco dinheiro, a conta quase negativa e uma sensação de extrema precariedade — além de uma ou outra dúvida razoável sobre as minhas escolhas profissionais —, restringindo-me às necessidades mais essenciais, fiquei surpresa ao ver que experimentava um desapego inédito em relação aos bens materiais, à exigência de ter mais, de ganhar melhor; um desapego que se aproximava da generosidade, assim como também de certa despreocupação. Era falta de consciência, era fatalismo? Sim, também. Mas era sobretudo uma resignação serena e divertida a uma condição que eu não esperava experimentar. Foi também a descoberta de que um pacote de macarrão bastava para cinco refeições, por exemplo, e que no final das contas eu não precisava de muito mais, depois de pagos os boletos. Não digo que seja bonito ou desejável, nem que às vezes não seja um pouco injusto perceber-se sem nenhum tostão, sem se permitir sequer pensar além do essencial, nem um pouquinho em coisas supérfluas, ou temer menos as emergências.

Mas, tudo somado, ao menos para mim, sempre foi libertador, de um modo meio tortuoso; ao passo que, nos períodos de maior conforto — para chamá-los de um modo lisonjeiro —, brotava a sutil angústia de estar desperdiçando dinheiro, uma vez que agora eu o tinha. Será que isso acontece apenas comigo ou posso tirar daí uma reflexão geral? O que sei é que me bastava ter alguns trocados a mais para começar a sofrer com cada despesa. Podia comprar o salmão defumado, todas as iguarias que eu quisesse: pois bem, eu não comprava, ou, se comprava, era com aperto no coração, com a aflição de ver o pé-de-meia se consumindo. No entanto, eu pensava, o dinheiro é feito para ser gasto — ou não?

É um comportamento contraditório, claro. Mas não se limita ao dinheiro. É engraçado: assemelha-se muito ao que me acontece com o tempo. Quando tenho pouco, quando cada instante é precioso, sou generosa com o tempo, desfruto dele; apenas o presente existe e os instantes são como cerejas. O medo de perdê-lo e a avareza com que o regulo crescem quando tenho a sensação de ter tempo de sobra; subitamente, vejo-me ligada ao dever de fazê-lo frutificar. É então que luto para superar tartarugas, para atirar nos alvos todas as flechas. E assim as flechas que caem por terra, ou fora do alvo, tornam-se mudas, silenciosas autocensuras. Tais flechas são o sentimento do fracasso que me tomou de assalto quando comecei esta mudança, ao término de um amor. O tempo que creio ter perdido amando *a pessoa errada*, quem me devolverá? Isso dói em mim — ao menos me doía, até que encontrei Zenão. Que mesquinharia para comigo mesma, para com a vida, para com o tempo, convencer-me de ter perdido tanto disso tudo somente porque fiquei desiludida, somente porque o investimento não teve um bom fim. Que horror, teimar em ver uma história que acaba como se fosse um fracasso — que estúpido pensar que o tempo e o amor e a vida sejam só um apelo à eficiência.

Sim, eu tinha a expectativa de que ele ficasse comigo, no presente e no futuro, mas eu acreditava de verdade nisso? Se a resposta for positiva, por que então traio aquele sentimento de futuro agora superado estilhaçando todos os momentos em que a flecha estava suspensa sobre um instante e volto ao passado para olhar para eles apenas para me dizer que foram inúteis?

Contudo, não foram inúteis; mas eu era incapaz — até hoje — de apreciar o tempo. Não pude deixar de vê-lo como uma sucessão convergente, uma flecha gigantesca que aponta para um amanhã impreciso, para uma ilusão. Mas, em vez disso, aqueles momentos, como cada movimento cansado da tartaruga, existiram: sozinhos, não na perspectiva de um futuro que depois não chegou nem chegará, ao que parece. Existiram assim como existe este presente, o último saco cheio de bugigangas, o elevador preso pela última vez, que não é diferente das outras, a não ser pelo fato de ser provavelmente a última — isso, no entanto, veremos somente à luz do futuro que agora, por enquanto, não é. Ainda não há futuro no ranger da grade de ferro do elevador que para no meu andar, no fechamento repentino das portas, na descida rápida até o térreo, no sentido da gravidade, que nos puxa para baixo, com o inelutável sentido do ser. É a *Ananke* de Parmênides, o seu limite e fundamento? É essa a imobilidade eterna do instante, a marca da verdade bem-acabada, sem arestas? Ou talvez seja apenas o momento em que aceito desaparecer e desapareço do prédio, da casa onde morei; e, desaparecendo, esquivo-me do sentimento de culpa por ter traído a mim mesma?

Não acho mais que errei, paro de repetir que sou culpada das minhas ilusões; se eu me enganei mesmo foi porque naquele momento o ar sustentava a flecha em um certo ângulo, porque havia circunstâncias em que eu não podia estar suspensa de outro modo; porque era um momento idêntico, mas diverso do anterior, do posterior. Dissolvo os meus arrependimentos em uma nova ideia de tempo, cujo passado não é mais, como sempre acreditei, o que me fez chegar ao hoje e sumiu, mas uma instância que foi necessária quando era sua vez, separada do hoje, separada do amanhã, como uma pérola em um colar. Não tenho diante de mim a interminável parábola de uma flecha; e então sinto, enfim, que posso me dissipar em uma miríade de instantes que não tenho mais medo de desperdiçar.

Abandono minha avareza em relação aos momentos, ao novo, à vida; e a pretensão despropositada, arrogante, de poder dominá-los todos, de tê-los nas mãos, enquanto começo a pensar que o tempo existe deliberadamente para que possamos esbanjá-lo, que existe somente para poder passar.

Na primeira noite na casa nova, no silêncio dos cômodos ainda vazios, pego um livro que eu havia guardado comigo para um momento em que pudesse abri-lo sem chorar. E finalmente leio os versos de Valéry sobre Zenão, em um pequeno poema que fala de um cemitério suspenso sobre o mar:

> Zenão, Zenão de Eleia, desumano!
> Feriste-me de um dardo alado e insano
> Que voa e está inerte nos espaços!
> Gera-me o som, rouba-me o dardo a vida!
> Ó sol... Que tartaruga à alma surgida,
> Ver Aquiles imóvel nos seus passos!
>
> Não, não!... De pé!... às horas sucessivas!
> Quebra, meu corpo, a forma pensativa!
> Bebe, meu seio, a brisa renascida!
> Um novo frescor, do mar exalado
> Devolve-me a alma... Ó poder salgado!
> Vamos à onda, ao ímpeto da vida![10]

No silêncio, repito o último verso, até perder todo o sentido, até que eu não saiba mais quantas vezes disse e redisse as palavras «vamos à onda, ao ímpeto da vida!».

Ninguém me responde e, perdendo-me no escuro de uma sala em que ninguém sabe de mim, tenho a impressão de possuir de novo o tempo, o meu tempo que não tenho mais medo de perder.

---

10   Paul Valéry. *O cemitério marinho*. Trad. de Jorge Wanderley. São Paulo: Max Limonad, 1984. [N. T.]

Terceira semana
Uma semana cética

É claro que eu não podia imaginar: para a semana cética, o meu guia será o personagem de um trava-língua.

Não a famosa cabra que sobre o banco brinca e sob o banco bate as botas — embora essa aí também pudesse, vista de certo ângulo, aparecer como uma precursora do famoso gato de Schrödinger; e a partir daí o caminho se abriria para a exploração dos paradoxos, para a obrigação de abandonar os critérios do verdadeiro e do falso e de se render ao incognoscível. Mas eu não queria falar da pobre cabrinha. Nem dos três tigres tristes que receberão três pratos de trigo, nem ainda do rato que, ousado, roeu a roupa do rei de Roma.

Refiro-me a Apeles, filho de Apolo, que fez uma bola de pele de penosa (e todos os peixes se elevaram para ver a bola de pele de penosa feita por Apeles, filho de Apolo). No entanto, por mais fascinante (e vagamente desagradável), não é a questão da bola de pele de penosa o que tem importância aqui.

O fato é que Sexto Empírico conta uma anedota curiosa sobre um tal de Apeles, que viveu de verdade, no século IV a.C., ignorante do destino que o levaria a se tornar o protagonista de um trava-língua e sem sequer reivindicar filiação ao divino Apolo: limitava-se a se dedicar à arte apolínea da pintura.

Parece que esse talentoso Apeles, pintor de fama reconhecida (Alexandre, o Grande, confiava nele para fazer seus retratos), certa vez, depois de ter pintado um cavalo, foi tomado por aquela ira destrutiva que todos os artistas conhecem: a raiva de constatar que as palavras sobre a página, os contornos de um desenho, a silhueta de uma escultura, assim como o gosto de uma iguaria, o tom da voz em um monólogo não ficam como se havia imaginado idealmente. Mas, de acordo com a história de Sexto Empírico, foi justamente a reação exageradamente colérica que o insucesso provocou nele a responsável por fazê-lo sair de uma dificuldade. Tomado pela fúria por não ter sido capaz de pintar a espuma na boca do cavalo, jogou contra a sua criação a esponja que usava para limpar o pincel. E, por uma incrível coincidência, a esponja molhada, quando encostou na pintura, produziu uma inesperada representação — e muito mais realista do que Apeles podia sonhar — da saliva que em sua imagem ideal deveria verter dos cantos da boca do animal.

Toda essa história parece não ter relação alguma com o ceticismo, não é mesmo? Mas, por causa dela, graças ao apanhado que Sexto Empírico nos faz, Apeles me mostrará, ainda que pela via da metáfora, o caminho a ser seguido para me tornar uma cética.

Sexto Empírico comenta o episódio com estas palavras: «Também os céticos, portanto, esperavam tirar proveito da serenidade do espírito submetendo ao juízo a discrepância entre os fenômenos e as considerações teóricas, mas, não sendo capazes de conseguir isso, suspenderam o juízo; essa suspensão foi como que por sorte seguida pela serenidade do espírito, assim como a sombra segue o corpo».

É claro — o próprio Sexto Empírico também diz isso — que não posso pretender dominar de uma hora para outra a serenidade do espírito, a ausência de preocupação, ou a *ataraxia* (αταραξία) que, pode-se dizer, caracteriza um verdadeiro cético. A ataraxia não pode ser alcançada em um piscar de olhos. Tampouco depende da suspensão do juízo segundo uma rígida relação de causa e efeito (à estrita causalidade os céticos prefeririam uma consequencialidade casual, como aquela da qual nasce a saliva do cavalo). A ataraxia é a recompensa do sábio, é uma questão para profissionais do ceticismo, e eu ainda sou uma principiante.

Então preciso seguir o exemplo de Apeles. Não no sentido de me deixar contagiar por sua raiva, claro; não tenho nenhuma intenção de jogar a esponja, nem de me deixar levar por acessos revoltosos de ira. Mas a história de Apeles me ensina que, para atingir essa bendita, pacificadora ataraxia, para experimentar a serenidade do espírito de um modo feliz, devo parar de me preocupar em ter o controle de tudo e tentar me abandonar ao acaso suspendendo todo julgamento daquilo que faço. Como um pintor de tal forma descuidado com o destino de sua obra a ponto de lançar contra ela uma esponja molhada.

Tornar-me cética, no entanto, não é brincadeira. Estamos falando de uma orientação filosófica tão longeva quanto radical, ainda que apenas como uma possível postura diante do mundo e que soube criar raízes na linguagem comum. *Você tem ar cético, você parece cética, como você é tão cética?* — são frases que ouvi a meu respeito em uma infinidade de ocasiões, todas as vezes que, por exemplo, diante de qualquer projeto extravagante, não mostrei ao meu interlocutor o entusiasmo que ele esperava. Na linguagem cotidiana, o ceticismo deslocou-se e passou a designar não a exclusão da possibilidade de conhecer verdadeiramente as coisas, mas a frieza em relação a aderir a alguma iniciativa — deslizando dos planos nobres da gnosiologia para as imprecisões de certos comportamentos sociais discutíveis. Mas essa minha breve conversão filosófica não terá relação (não diretamente, pelo menos) com os limites do meu temperamento, nem com a minha crônica carência de entusiasmo. Trata-se aqui, em primeiro lugar, de subtrair a palavra filosófica da linguagem do dia a dia e devolvê-la às origens. Isto é, ao período em que, entre os séculos IV e III a.C., Pirro e seu discípulo Tímon de Fliunte questionaram esse novo modo de ver as coisas: então a *sképsis* (σκέψις), sendo um «controle crítico» sobre os possíveis objetos do saber, consistia em negar que existisse um significado *absoluto* da realidade. Em resumo, diferente do ceticismo moderno — que, a partir do Renascimento, retomou o auge antes de sofrer diversas metamorfoses fenomenológicas, e que julga verdadeiro o conteúdo do conhecimento sensível enquanto considera falso o pensamento racional —, o antigo, ao reduzir qualquer conhecimento possível aos fatos da consciência, jamais concede sequer a esses fatos o pleno investimento da verdade.

Todo saber deve ser, portanto, subjetivo. Aos olhos do cético, não há nada que se possa pretender passar por verdadeiro: tudo é incerto, e o sábio exerce um direito seu (e um dever seu) de duvidar de tudo e de suspender (por meio da *epoché* [ἐποχή], «suspensão») qualquer tentação de adesão à verdade das coisas. O elemento complementar dessa postura é a *afasia* (ἀφασία), ou seja, a interrupção de todo possível discurso positivo; e, do ponto de vista prático, a *ataraxia* (que espero alcançar seguindo o exemplo de Apeles): vias de acesso para uma felicidade que não tem nada a ver nem com picos hedonistas de alegria, nem com a satisfação de qualquer pulsão ou desejo, mas sobretudo com uma serena impassibilidade, um distanciamento desapaixonado e equilibrado do mundo. É dentro dessa forma de felicidade, tão calma e austera, assim suspensa sobre as coisas, que o sábio cético considera realizada a finalidade da sua investigação filosófica: conseguirei, eu, chegar a tanto?

O fato é que, quanto mais estudo a fim de me preparar para esta semana, mais percebo como é difícil educar-se para a dúvida; avanço em um terreno acidentado. E depois: que cética quero ser? Pois o ceticismo tem uma história bem longa e, entre os séculos IV a.C. e II d.C., viveu várias fases: pirronismo, nova academia, neoceticismo. Adianto-me dizendo que terminarei pirrônica com alguns traços neocéticos, visto que um dos meus guias é Sexto Empírico, neopirrônico exemplar. Será mais fácil para mim, assim, evitar os paradoxos e as antinomias em que me enredaria se seguisse diretamente pela via do mais dogmático ceticismo acadêmico e sustentasse para quem quisesse ouvir que não há nada que se possa saber: mesmo admitindo que isso seja verdade, por motivos óbvios eu não poderia saber nem mesmo disso! E então não me restaria muito a fazer, estaria abandonada em uma barca furada em que provavelmente afundaria.

Mas coloquemos alguma ordem aqui: é bem sabido já há um bom tempo que o sentido das proposições que negam a si mesmas corre sempre o risco de explodir em mil estilhaços contraditórios que não levam a nada. Funciona assim pelo menos desde os tempos do famoso paradoxo do mentiroso, de que muitas versões foram elaboradas — entre outros, por gente como Paulo de Tarso, Aristóteles; Eubulides de Mileto, o filósofo megárico a quem Diógenes Laércio atribui a paternidade do paradoxo, que demonstrou ser impossível provar a veracidade de uma afirmação aparentemente simples como «estou mentindo». Também Luciano de Samósata, retomando provavelmente uma formulação do paradoxo que já circulava, conta uma história na forma de uma anedota viva e fascinante (destino que, penso, mereceria todo sofisma, todo silogismo: é bonito ver o momento em que uma argumentação filosófica ganha vida e se torna uma história). O mesmo quebra-cabeça que nos *Elencos sofísticos* de Aristóteles se concentra no lacônico absurdo de dois exemplos vagos (é possível jurar romper o juramento que se está fazendo? É possível ordenar que se desobedeça à ordem que está sendo dada?) pode se tornar uma pequena peça teatral capaz de desorientar quem a assiste.

A história é mais ou menos esta: era uma vez um crocodilo gigantesco, e havia um menino que brincava, sem suspeitar da presença do enorme réptil, às margens do Nilo. Mas eis que o crocodilo, sem rodeios, agarra o menino. A mãe percebe e implora assustadíssima para a fera que lhe devolva o filhinho. O crocodilo, que usa a linguagem com grande propriedade (talvez o aspecto que mais me encante em toda essa história, a qual ilustra um paradoxo lógico explorando o paradoxo da fábula) e é também muito astuto, devolve uma proposta enigmática: «Se você adivinhar o que vou fazer, devolverei o menino».

Então a mãe, já angustiada, vê-se em um beco sem saída, ou melhor, entra nele por conta própria. Ela murmura, do fundo opaco de seu pavor: «Acho que você vai comê-lo». E eis-nos em pleno paradoxo. Se ela tiver adivinhado — se a atitude que de fato tomará o astuto crocodilo será a de comer a criança —, o crocodilo deve devolver-lhe o pequeno. Porém, devolver significaria que a mãe não havia adivinhado de verdade — ou seja, significaria que o crocodilo não comeria o menino. Em resumo, essa pobre mãe não tem como recuperar o filho caso o crocodilo queira realmente manter sua promessa.

O que conta para mim, que me preparo para a semana cética, é o dever de refletir bem sobre algo que Sexto Empírico e Montaigne já observaram há muito tempo. Em poucas palavras, o ceticismo radical está sempre em risco: corre o risco de cair em contradição, de colocar como verdade absoluta uma afirmação que refuta a si mesma, como «não existe nenhuma verdade». Como é possível constatar a verdade de uma afirmação que nega que a verdade seja possível? Não faz sentido ser dogmático demais, penso eu, quando se trata de ceticismo: a adesão absoluta me colocaria em uma enrascada. E Montaigne, como eu dizia (mas também Sexto Empírico, que lhe serviu de mestre, embora separados por séculos), apoiaria a minha decisão. O ceticismo da nova academia, o que uniu as teorias de Platão com a *epoché* e acabou por negar obstinadamente a possibilidade de se conhecer o que quer que seja, é, no fundo, estéril. Melhor fazer-se pirrônico: suspender o juízo mas continuar a buscar, a viver, a aprender, sem se deixar paralisar pela desconfiança das próprias percepções.

O próprio Sexto Empírico dizia isto: certamente não conhecemos as coisas em si. Conhecemos apenas as *sensações* que o intelecto apreende. Que depois essas sensações encubram os próprios objetos em vez de revelá-los, é outra história. Devo contentar-me em pensar que tudo o que sei são as impressões que tenho das coisas — não as coisas em si. Não há conhecimento que não seja subjetivo se tudo nasce a partir da elaboração de impressões; ou, como explicava com muito mais elegância Tímon de Fliunte, que decidiu ser cético depois de ter conhecido Pirro, «que o mel seja doce eu me recuso a afirmar, mas que me parece doce, isso posso garantir».

Colocando a questão nesses termos — com tal coerência que nem mesmo Hume, quase dois mil anos depois, teria muito a objetar —, o raciocínio parece se desenrolar bem.

Além disso, uma resposta do gênero calava críticos petulantes como o peripatético Arístocles, que, para zombar da filosofia dos céticos, atiçava Tímon, desafiando-o a afirmar — justamente ele, que «não acreditava em nada» — que nunca havia encontrado Pirro. Mas, ao que parece, Tímon trombou mesmo com o fundador do ceticismo pela estrada que levava ao estádio: conheceram-se em um dia de festa, quando ambos iam a Delfos para assistir aos jogos píticos. E foi uma grande sorte: não fosse por Tímon, hoje saberíamos muito menos de Pirro, pois ele, fiel ao ensinamento e ao exemplo de Sócrates, não deixou nenhum escrito filosófico. Sobre Tímon: ao que parece, era uma figura bastante eclética e muito prolífica. Foi ator na juventude, mímico e membro do coro, e depois notabilizou-se como sofista: profissão que não apenas lhe deu sustento por um bom tempo como até permitiu a ele fazer um bom pé-de-meia. Também foi poeta: segundo Diógenes Laércio, deixou cerca de noventa peças, entre comédias e tragédias, vinte volumes de papiro em prosa e ainda algumas composições picantes; além de um poema em dísticos elegíacos intitulado *As aparências*, de que sobreviveram somente alguns versos — entre eles o enigmático, ou autoevidente demais, de acordo com o ponto de vista, «o fenômeno ocorre em todo lugar, onde quer que ele ocorra». Escreveu, parece, também um tratado *Sobre as sensações*; e um diálogo que conta seu encontro com Pirro e traz as respostas do mestre para as suas perguntas, em uma espécie precursora da entrevista. Mas a sua obra, tão vasta, foi dissolvida pelo tempo, e sua herança nos chega aos pedaços; os mais significativos que nos restam faziam parte do seu conjunto de Σίλλοι (*Silloi*), «poemas satíricos» (sobreviveram 133 deles, em cerca de 56 fragmentos). Com um estilo que imita o de Homero, Tímon zomba dos filósofos megáricos, estoicos, epicuristas e mesmo dos acadêmicos, ridicularizando a todos, chamando-os de dogmáticos e fazendo troça de seus hábitos de entrar em disputas insensatas e inúteis, somente para atrair os jovens e arrancar seu dinheiro. Os únicos que se salvaram das chacotas de Tímon foram, obviamente, os céticos — em cujo time estava incluído também Platão.

Apesar de grande parte de sua obra ter se perdido, sem Tímon a fase nascente da doutrina cética teria sido muito mais difícil de reconstruir; porém, graças à sua devoção ao mestre Pirro, dispomos de muitas informações biográficas sobre o mentor, que, sem demasiadas dúvidas, escolhi para seguir em meu experimento com essa escola. A vida de Pirro foi muito mais cheia de aventuras do que se poderia imaginar; primeiro, fico sabendo que ele começou sua carreira não como filósofo, mas como pintor. Eu o imagino pintando as paredes do ginásio de Élida, sem saber que um dia um colega de arte, Apeles, seria apontado como exemplo para se alcançar o árduo propósito da ataraxia. Mas o que Pirro podia saber sobre isso, sobre a ataraxia, quando fazia seus afrescos nas paredes? Não lhe tinha chegado ainda aquela que para ele foi uma verdadeira iniciação à filosofia. Acontece que, em certo momento, junto com seu amigo Anaxarco, de quem hoje se conhece pouco mais que nada, ele começou a se interessar pelas teorias atomísticas de Demócrito. Mas o que mudou o curso de sua vida e o motivou a fundar sua doutrina foi a participação em uma das expedições militares mais célebres da Antiguidade.

Sempre ao lado de Anaxarco, de quem devia ser inseparável, Pirro seguiu Alexandre, o Grande (não era um líder qualquer), na conquista da Ásia: e com ele, diz-se, chegou até a Índia. Conheceu a imperturbabilidade dos faquires, a doutrina antiga da indiferença à dor. Frequentou os magos da Pérsia, os gimnosofistas na Índia. No ceticismo, a marca do conhecimento oriental é evidente.

Mas — exceção feita às ações militares que lhe permitiram ser influenciado pela sabedoria asiática, e que dificilmente eu conseguiria replicar —, não parece complicado demais viver a vida pirrônica. Parece-me tão extraordinariamente tranquila a existência desse homem que decidiu não ter preocupações: repito também eu, então, as palavras de Tímon, como um mantra, quase uma oração, cantando-a, mas sem fervor nem excessos de agitação — não é bom deixar-se inquietar nem pelo desejo de se parecer com o mestre, já que é um mestre de tranquilidade. Aliás: de tanto repetir a mim mesma as suas palavras, começo a pensar que talvez Tímon exagerasse um pouco ao mostrar todo aquele entusiasmo nos encontros com Pirro — a ponto de trair, penso eu, o nobre distanciamento próprio do ceticismo. «Oh, Pirro, este meu coração deseja aprender contigo como é que tu, mesmo sendo ainda homem, tão facilmente levas vida tranquila. Tu que sozinho és guia para os homens, semelhante a um deus.» Mas quem sou eu para julgar?, censuro-me. Não sem satisfação, devo constatar que já estou identificada a meu novo papel: sou mais realista que o rei, como se diz, ou talvez mais cética que os céticos, mais serena que os ataráxicos.

Em todo caso, o que mais me atrai na figura de Pirro é a sensação de tranquilidade que ele inspira; e as palavras de Tímon revelam que também ele ficava fascinado pela mesma razão. É cara para mim a ideia de uma vida cotidiana exemplar, mas toda feita de pequenos gestos, quase tediosa. Leio que o mestre vivia com a irmã, que era lavadeira. Ele, de sua parte, não desdenhava os trabalhos domésticos, e esse aspecto da sua biografia eu acho irresistível: Pirro, entende? Pirro, o «semelhante a um deus», fazia a faxina da casa e às vezes, como se fosse uma camponesa qualquer, ia ao mercado vender um leitãozinho ou uma galinha. O sábio não tem necessidade alguma de ostentar as diferenças entre ele e o homem comum; essencial é apenas a liberdade interior, penso enquanto tento consertar a lavadora assistindo a um tutorial que achei no YouTube.

Há algo profundo e corriqueiro, algo que parece escandalosamente acessível, na vida do sábio cético. Um sábio que põe a sua sabedoria a serviço não de sabe-se lá qual ambição, mas da mais reta e reconfortante normalidade. Tome Pirro, que vai ao mercado vender porquinhos, Pirro, que chegou à Índia conduzido por um líder lendário, mas foi também artista — como Apeles e como Tímon de Fliunte. Começo a pensar que a escola cética é uma escola de artistas, e de fato não seria ilógico. O ceticismo dá a medida da distância mínima da vida necessária para poder contá-la, para vê-la toda inteira e conseguir mostrá-la depois. Eu, que pensava ser preciso criar uma aproximação, ser obrigatório descer no fundo das coisas para entendê-las de verdade, aprendo o benefício da perspectiva, do distanciamento. É uma surpresa; preciso de minha semana cética para entender profundamente o que dizia o maior pirrônico da Idade Moderna, Michel Eyquem, monsieur de Montaigne: «Cada homem carrega consigo todas as marcas da condição humana». O.k., mas para saber disso é preciso aprender a se olhar um pouco atravessado, tomar certa distância de si mesmo o suficiente para entender que você não é tão único como pensava que fosse. Mas tudo isso será impossível enquanto não nos afastarmos um pouco do que sentimos, do que vivemos; daquilo que vemos no espelho. Quando inicio a minha semana, essa sabedoria nova ainda está por vir: de fato, no início tudo parecia lógico e linear. Parecia muito simples até inspirar-se em Pirro, Pirro, o pintor, que fez seus afrescos nas paredes do ginásio de Élida e vendia porquinhos no mercado.

Evidentemente, entre o dizer e o fazer há sempre uma bela diferença: duvidar de uma hora para outra do testemunho dos sentidos, para alguém que, como eu, não é uma asceta, é um procedimento trabalhoso; no entanto, depois da gana com que lutei para fazê-lo ao longo da semana eleática, tudo pareceria moleza. Não posso achar que o banho revigorante que preparo, sem ter levado em conta o funcionamento hostil do boiler da nova casa, seja assim tão quente a ponto de me ferver na água como uma lagosta em um restaurante do Maine. Porém, Pirro me ensina, nada me impede de admitir que, para mim, a água *parece* de fato quente demais (e nem de escapar para fora da banheira sacudindo freneticamente mãos e pés). Que esta água esteja *realmente* muito quente é outra questão, sobre a qual devo me contentar em manter dúvida. No entanto, pelo menos não sou obrigada a ter o mesmo fim da lagosta, como talvez precisasse fazer na semana anterior, quando era ainda uma aspirante a parmenidiana compelida a desafiar os sentidos. É isto: fazer-me cética *parece* fácil, mas só parece, assim como o mel parece doce ou como a água parece quente demais.

Em todo caso, para me ajudar na empreitada de praticar a dúvida, tive uma ideia que quase me atrevi a chamar de genial: decido não colocar mais os óculos nem as lentes de contato durante todo o experimento. Tenho um pouco de astigmatismo e miopia, nada grave. O fato é que, sem lentes, vejo tudo embaçado. E o meu ceticismo começa justamente quando me coloco na condição de nunca estar segura diante do que vejo, quando posso confundir alhos com bugalhos, vaga-lumes com lanternas, já que, diante dos meus olhos, principalmente quando cai a noite, as luzes dançam em um halo fluorescente, em um clarão suspenso cujos limites não consigo distinguir. Na luminosidade difusa que de repente se ergue, como um véu, entre meus olhos e o mundo, é a hesitação o que o ceticismo me impõe agora. Parece que vejo um amigo na rua, um corvo que pousa na varanda; um melro macho, a plumagem negra, o bico laranja; minúsculo, nem canta. Parece que vejo a placa de uma padaria — não, era de um cabeleireiro feminino. Assim vou me ambientando ao novo bairro, e é preciso paciência, uma paciência infinita. Caminho devagar, paro com calma para distinguir as letras entalhadas nas placas das ruas; leio tudo duas vezes, colho palavras do mármore e da névoa. E, quando os nomes nas placas são de pessoas que, por algum motivo, mereceram dar nome a um beco, a um jardim ou a uma pracinha, embaixo, em letras pequenas, está escrito o que elas foram em vida. Suspiro e decifro vagarosamente, e aquele que me parecia um maestro — estranho, com um nome tão antigo — revela-se um marquês. Um maquinista? Não, um musicista. Não um produtor, um pintor. Um pintor como Pirro, que talvez risse de mim se me visse toda tensa a soletrar e a duvidar daquilo que meus olhos abraçam instintivamente; mas não, pensando melhor, não riria não. Um cético não ri ao encontrar alguém que se esforça para percorrer o caminho em direção à sabedoria, que se despe das certezas cujo hábito o petrificou. A escolha por embaçar minha vista, o primeiro dos sentidos, por meio do qual me eduquei para viver, para encontrar meu lugar no mundo, parece-me perfeita. Estaria pronta para defini-la como um pequeno golpe de mestre, eu me dizia; mas mal terminei de formular o pensamento e já sinto uma ponta de constrangimento.

Porque um sábio cético não se vangloriaria assim. Não se vangloriaria de modo algum, tampouco compensaria o surto de orgulho injustificado com a vergonha traiçoeira que sinto bater no meu coração. Não devo me descompor; e isso também parece fácil, já que os sentimentos de que consigo me afastar são emoções que contam pouco, que parecem olhar para mim só de longe e permanecem na periferia da singular rede de sensações, alegrias e dores que, desde que tenho memória, chamo de *eu*.

Mas as dificuldades estão à espreita, na esquina, como a velha senhora com o cãozinho a reboque e que eu, perdida na névoa da minha miopia, vejo tarde demais para não tropeçar na guia. O animalzinho late para mim, a senhora está confusa, sinto vontade de rir e talvez também de chorar. O fato é que não é fácil viver em constante perplexidade, e é assim, porém, que vivo durante a semana cética; desorientada em relação a tudo, parece que perdi as coordenadas. Vivo em um bairro que não conheço, em uma casa ainda nova; a mudança desordenou meus hábitos, é um trauma, e muito recente. A cada manhã renovo o desânimo de acordar na cama que eu mesma montei, seguindo de forma desleixada as instruções, sentindo-me mais sozinha do que nunca e percebendo — tarde — que montei a cabeceira ao contrário: eu achava que tinha visto bem, mas, em vez disso, errava. E então, quando acordo pela manhã na cama com a cabeceira ao contrário, não sei sequer onde estou; uma vertigem regular, de estupefação e angústia. Passa em um instante, mas naquele instante é difícil. Depois me lembro de que, no caso, *parece* difícil, e então estou pronta para começar o dia, levantar-me, bater a cabeça no batente da porta, baixo demais.

Por isso, quando tropeço na guia da velhinha, não rio nada, tampouco choro — o que Pirro pensaria de mim, se me entregasse às primeiras emoções que eu *achava* que sentia, se não tentasse pelo menos me impelir para a ataraxia, para a tentativa de não me deixar perturbar.

Mas mesmo que eu não chore, o problema aqui é outro. É verdade que consegui, aproveitando um defeito da minha percepção — a leve miopia e o astigmatismo que sempre corrigi —, duvidar dos dados dos sentidos; é verdade que agora é quase automático para mim pensar que *me parece* haver ali um basset na guia com uma velha senhora, mas que poderia muito bem tratar-se de um porquinho-da-índia. É verdade também que o bonde que chega *me parece* o número 3, mas talvez seja o 9, e nessa parada eu nunca o peguei, porque moro na nova casa há apenas poucos dias. Mas será a direção certa? Pergunto a dois rapazes agarradinhos debaixo do painel das rotas. Olham para mim como se olha para os loucos — não sabem que sou uma cética. Não: está errado, preciso atravessar a rua. Uma motoneta que eu não tinha visto se aproximar freia, não *me parecia* que estivesse vindo. Chego sã e salva à calçada do outro lado, parece que agora o meu bonde se aproxima; parece que estou segura.

Segura do mesmo modo que uma pessoa pode se sentir quando, após ter renunciado inclusive ao benefício de ver tudo mais claramente graças a um experimento existencial (que provavelmente só está levando tão a sério porque vive um momento difícil), vai a um encontro com o homem que a deixou, que a obrigou a revolucionar a sua vida porque, subitamente, a abandonou: do dia para a noite, ele não tinha mais certeza de que estava apaixonado.

Bem, ele não tinha mais certeza: e agora cá estou, agora sou eu que não posso mais ter certeza de nada. Ele me telefona na noite do meu sexto dia como cética; acabo de chegar em casa, apesar da chave que não queria entrar na fechadura, ou melhor: que *parecia* não querer entrar na fechadura, porque de fato era a chave do portão do pátio interno e não, como eu acreditava, a chave de casa. Mas nem fiquei irritada com o erro. Imperturbável, experimentei todas as quatro chaves do molho em vez de teimar com a primeira. Se estivesse com os óculos, se tivesse visto com clareza e escolhido diretamente a correta, teria economizado tempo com um tiro certeiro. Mas me veio o pensamento de que, se eu já tivesse enfiado no buraco a chave certa, e ela tivesse algum problema ao girar, certamente eu ficaria intrigada e teria começado a brigar com a fechadura pensando na conta astronômica que o chaveiro me cobraria se eu precisasse chamá-lo com urgência. Teria ficado nervosa, depois preocupada, depois, talvez, teria experimentado o delicioso alívio que nasce do perigo que se dissolveu. Assim, em vez de tudo isso, nada de alívio, mas também nenhum fio de pânico: permaneci com uma calma impassível.

É quase paradoxal, mas o fato de saber que talvez eu estivesse errando desde o início me permitiu ficar muito mais relaxada enquanto experimentava uma a uma todas as chaves do molho. Eis aqui a primeira lição importante que, quase sem perceber, aprendi com os meus mestres céticos: se você levar em conta que pode errar, se você não se impuser o ônus de ter razão a todo custo, poupará excessos de sofrimento mesmo quando errar de verdade. Quem não sabe para onde está indo não corre o risco de se perder, certo? E tudo isso eu entendo graças ao simples artifício que adotei: graças à escolha de não ver claramente. Percebo quanto essa práxis pode ser um problema no dia a dia, como pode ser um obstáculo insuportável: no entanto, não posso ignorar o fato de que, de tanto experimentar, sempre encontro a chave certa. Ou melhor: penso também que (concentrando-me muito) agora posso reconhecê-la até no escuro, apenas tateando a forma do serrilhado. Essa minha nova habilidade — estou consciente disso — talvez não me seja superútil (a menos que a luz não se acenda enquanto eu estiver no hall, se for para pensar em uma utilidade): serve, porém, para me lembrar de que impor limites a si mesmo significa também inventar meios de contorná-los.

Durante a noite do meu sexto dia cético, então, acontece algo inesperado: ele me telefona. Os toques vão ficando mais fortes e ainda não enfiei a chave certa: deixei o celular dentro de casa, eu *achava* que ele estava comigo, mas só achava. A chave certa é a última do molho, como sempre: a que tento só depois de ter descartado todas as outras. O telefone ainda está tocando, o que, se eu não fosse cética, me daria a certeza de que era ele antes mesmo de atender. Quando estávamos juntos, ele me ligava sempre duas vezes seguidas, para garantir que eu atenderia. Pelo menos disso ele se lembra, penso, sentindo um alvoroço remoto. Corrijo-me: *poderia* ainda lembrar-se disso, caso seja mesmo ele. E a sua voz ao telefone de repente é um pouco mais distante, mais fora de foco, e os sobressaltos do coração cessam. A voz está me dizendo que precisa me devolver dois livros que ele levou por engano. Não tenho vontade alguma de ouvir, não quero saber desses livros, pelo menos acho que não quero saber deles; mas não tenho intenção alguma de fazer cena durante a minha semana cética, nem de fazer beicinhos inúteis. Então tento me imaginar como Pirro, quando cabia a ele fazer a limpeza da casa porque a irmã lavadeira devia correr para ajudar alguma parturiente: quem sabe se ele não preferiria fazer outra coisa, ele, que era pintor, filósofo e viajante, e sobretudo mestre do ceticismo. Não tenho vontade alguma de que me devolvam qualquer coisa, mas é claro: devo ceder. Pirro faria isso.

Nosso encontro foi em um bar longe da minha casa, mas, acho, também da casa dele, por mais que nenhum dos dois saiba precisamente onde sejam agora as respectivas casas. E pensar que uma vez, quando dizíamos «vou pra casa», ou implorávamos «vem pra casa!», referíamo-nos sempre ao mesmo lugar, ao único lugar que se fez casa por tanto tempo. O pensamento de que hoje ele pudesse me perguntar em que rua moro se enrodilha na minha cabeça como uma serpente venenosa.

Enfim, estou sentada com ele em uma mesinha. Sétimo dia de cética, o último. Ele me parece mais jovem, mais sereno, mais alegre do que eu me lembrava. Mas deve ser porque estou sem óculos e porque ele, que sempre julguei moreno, no limite do negro, com seus cabelos pretíssimos e aquela barba que crescia ano após ano, surge para mim envolto em luminosidade — um pequeno presente que meu astigmatismo dá a todos os que aparecem na minha frente. De alguma parte dentro de mim sinto um eco de prazer: é como se o difícil treinamento para a dúvida desta semana tivesse de repente tornado impraticáveis os caminhos dos pensamentos ressabiados e das suspeitas, aquelas veredas tortuosas e retorcidas que sempre remoí atrás de pequenas incongruências, como talvez façam todas as pessoas inseguras, todos os que temem a todo instante perder o amor, que vivem à espera do sequestro de tudo o que as faz felizes. Em outros tempos, a sua atípica luminosidade teria me alertado. Eu teria começado a quebrar a cabeça cogitando artimanhas para forçá-lo a confessar aquela que eu temia ser a causa desse inesperado brilho. E depois, só pelo fato de temer uma hipótese abstrata específica, teria começado a sobrepô-la, na minha cabeça, à verdade. Trabalhando com a precisão de um alfaiate, eu teria costurado uma versão que seguisse perfeitamente as formas do meu medo: e estaria tão obstinada em fazê-la coincidir com a realidade que ela se tornaria, enfim, verdadeira. Como a mãe da criança roubada pelo crocodilo, que não pode não dizer em voz alta aquilo que teme, o meu medo seria tão forte que se tornaria verdadeiro em um piscar de olhos. Por outro lado, não é assim que funciona o pensamento mágico? Porém, agora que sou uma cética, há muito pouco de mágico em meu raciocínio.

Certa vez, vendo-o tão relaxado, reagi bem como Catão quando o cético Carnéades, junto com o peripatético Critolaus e com o estoico Diógenes da Babilônia, chegou a Roma, em 156 a.C., em missão diplomática de Atenas, e começou a dar aulas muito frequentadas pelos jovens romanos, que naquela época ansiavam pela cultura grega. Catão, o Velho, que, como a sua alcunha revela, era das antigas e se aferrava demais ao seu papel de guardião dos bons e velhos valores de Roma, reagiu com preconceito. Além do mais, ele vivia segundo uma disciplina muito rigorosa e queria que todos fizessem o mesmo; foi capaz de cassar do Senado um tal de Manílio, candidato ao consulado, só porque tinha beijado a própria mulher em público e em plena luz do dia, como conta Plutarco, concluindo com um detalhe hilário: «e censurando-o disse a ele que nunca havia beijado sua mulher, exceto quando trovejava».

Assim, quando Carnéades chegou a Roma, Catão logo percebeu sua influência sobre os jovens romanos e ficou furioso. De tanto papagaiar no Senado contra os riscos de aliciamento que a juventude correria ao entrar em contato com a cultura grega (que Catão devia odiar com todo o seu ser), conseguiu fazer com que os três filósofos-diplomatas fossem expulsos. Obviamente, tudo foi inútil, já que a moda da filosofia, que ele abominava, enraizou-se muito bem em Roma — que sorte. Portanto, até o velho Catão, assim como a mamãe do menino sequestrado, foi vítima do seu próprio medo e o transformou em uma profecia autorrealizável.

E eu? Eu, se devesse confiar no que vejo, no que ouço — se não pensasse agora, pelo menos durante esta semana, que as emoções são apenas fantasias ocas e não têm nenhum fundamento na realidade —, eu diria que todo esse brilho que me perturba só de intuí-lo, esse olhar risonho dele, algum motivo deve ter, e cairia rapidamente na única conclusão lógica que me pareceria convincente: há outra, ela já tomou meu lugar. E, como o ciúme, entre todos os sentimentos possíveis, é o que mais provoca minha ira, eu seria tomada de fúria, como Catão contra o pobre Manílio, e começaria a surtar dizendo que pelo menos eu tenho a decência de me mostrar pálida, abatida, em sofrimento.

Em vez disso, digo a mim mesma que deve ser o astigmatismo, que talvez ele nem esteja tão resplandecente assim, que é apenas ilusão provocada por um defeito na *minha* visão. E bebo um gole de chá verde. Por pouco não dou um grito, de tão quente; o gole foi apressado, mas evitei ficar pensando nisso.

Com uma compostura quase afônica, digo a ele que *me parece* muito quente. Ele sorri para mim, parece estranhar um pouco. Agora o ceticismo entrou definitivamente nas minhas conversas. Só respondo com frases adequadas às circunstâncias; como conversinhas de elevador, trocadas com completos desconhecidos, genéricas, cheias de conjecturas e cautela. Percebi de repente o quanto acabou se tornando imperativo dizer «que calor», «que frio». A vida social, para um cético, é sem dúvida mais complexa e nebulosa do que se poderia imaginar. Além do mais, acho que cultivar por muito tempo essa filosofia pode levar-nos, pouco a pouco, a nos retirar da convivência humana, ou ao menos a desenvolver uma crescente contrariedade, talvez até uma aversão, em relação a muita conversa. Qual o sentido, de fato, de ficar ouvindo opiniões que se passam por verdadeiras e aguentar tanto espanto e olhos arregalados sempre que nos expressamos com as precauções necessárias? Depois de um tempo, deve ficar mesmo cansativo.

Ele sorri com um ar meio distraído, como se estivesse seguindo o fio de algum pensamento. Não lhe peço nada — afasia: a única atitude possível diante de uma realidade que nos escapa. Não lhe peço nada e fico só esperando que ele me dê os tais livros pelos quais me chamou para vir até aqui.

De dentro de uma bolsa de lona que ele havia pendurado no braço da cadeira, retira dois romances que amo muito, mas que não posso não me perguntar se gostaria de relê-los agora, como cética. *O morro dos ventos uivantes* e *Anna Kariênina*. Conseguiria levá-los a sério, nesse momento? Conseguiria me identificar, no estado em que me encontro, com Catherine e Heathcliff? Seria capaz de não desconfiar de personagens que, arrastadas por uma paixão excruciante, esquecem até de comer seu mingau — a comida básica das personagens de Brontë — ou que se atiram embaixo de trens por causa de coisas tolas como um amor infeliz? Deveria me envolver nesse experimento de leitura, penso: mas depois prevalece a prudência. Pode acontecer que só uma semana não baste para conquistar certa imunidade às paixões a ponto de me permitir velejar impunemente pelos mares tempestuosos dos grandes romances do século XIX: isso poderia ainda arruinar todo o experimento, ou pior, arruinar a relação com esses livros que adoro. Melhor tentar com algo mais século XX, mais elíptico.

Pergunto-me como é que ele levou «por engano» esses meus romances; não falo nada, no entanto, aliás não chego sequer a formular a fundo o pensamento. Quem sabe nesse momento ele não esteja arrebatado, sentindo aquela pequena loucura das almas inquietas quando atingidas por paixões muito fortes?

Brinco distraída com a sobrecapa dos livros perdidos e reencontrados sem que eu tivesse notado a ausência deles. Há um fio de cabelo dentro de *Anna Kariênina*, um cabelo longo e mais claro do que o meu: ficou grudado na cola da lombada, como se o livro tivesse ficado apoiado, aberto, em alguma superfície — *um travesseiro?* —, em uma promiscuidade bizarra com a dona daquele cabelo. Preciso sair rápido dessa espiral tola de pensamentos. O que tem de mais em um cabelo? Compridos iguais aos da minha amiga L., encontrei-a há algumas semanas, tinha acabado de fazer mechas.

Preciso sair desse emaranhado de ideias absurdas. Ele está me olhando e ainda parece perplexo. Pousa o celular na mesinha. Vira-se para pedir alguma coisa ao garçom, acho, e a madeira da mesa começa a vibrar. É o telefone dele, toca e num flash aparece um nome na tela, mas não só um nome, também uma foto. Eu a vejo desfocada, com o brilho nebuloso de sempre. Laura sorri com os lábios franzidos, o que dá a ela uma expressão vazia, que em outros tempos eu chamaria de estúpida. Como um raio, atravessa minha cabeça um pensamento rapidíssimo, peremptório — que afasto, afasto imediatamente! Só um apaixonado acha atraente uma expressão desse tipo.

Preciso espantar essa ideia, como se espanta uma mosca chata; estendo a mão para pegar o bule, vou me servir de um pouco de chá, ótimo jeito de me distrair.

Tudo acontece em uma fração de segundo; pelo menos é o que me parece. Bato acidentalmente no bico do bule, que queima — *parece* que queima, perdão, mas a sensação é tão forte que reajo subitamente recuando a mão — e sem querer acerto de raspão um soco no bule, que se inclina, ai!, e vira, e uma onda de água fervente cai no telefone, a tela fica escura, formam-se bolhinhas em toda a volta, como no cavalo de Apeles! Inacreditável.

Quase dou risada, mas não rio de fato. Estou calada — afasia. Nem me desculpo; no mínimo, saí da espiral dos pensamentos obscuros. Parece, pelo menos.

92

Quarta semana
Uma semana estoica

«ανέχου καί απέχου» (*anechou kai apechou*), suporta e abstém-te, escrevo de leve, com letras pequenas, na superfície de uma prateleira na estante da biblioteca; a ponta é afiada e me sinto vagamente culpada — por isso risco com timidez, a lápis, evitando a tinta, muito definitiva: no entanto, sei muito bem que, quando se decide fazer algo como escrever máximas em grego nos móveis de uma casa alugada, mais vale ousar, ir até o fim, ou renunciar logo.

Infelizmente, porém, não tenho — apesar de ter vindo da experiência pirrônica de minha semana cética — a extravagância despreocupada do sr. Montaigne, que entalhava lemas a torto e a direito nas grossas vigas de madeira de sua biblioteca, bem mais requintadas do que o esquálido compensado de que são feitas minhas prateleiras da Ikea.

Aqui é tudo provisório, até os lemas. Este, por exemplo, deverá me acompanhar por uma semana, depois não se sabe; como em seguida serei epicurista, poderei apagá-lo, e se não o fizer será apenas por preguiça. Até começo a achar que esses experimentos malucos vêm me transformando mais do que poderia ter imaginado num primeiro momento. Seria o meu recente ceticismo, agora absorvido no organismo igual a açúcar (*oh, veneno!*, apresso-me a pensar, para equilibrar a comparação e me reconduzir imediatamente para uma sóbria *epoché*, evitando arroubos que me descompensem neste ou naquele sentido), a evitar tornar definitivo tal lema, entalhá-lo de modo que seja realmente inapagável? *Suporta e abstém-te*, repete-me Epiteto em seu grego transcrito a lápis. Nesse período, disso tenho certeza, se existe uma atividade a que me dedico com empenho é a de suportar e me abster. Suporto a ideia de ter sofrido uma traição que me pareceu, se eu pensar bem, a mais grotesca das afrontas. Abstenho-me das intenções da vingança, de cruéis fantasias de revanche; abstenho-me também de contar a quem quer que seja o acontecido, e não saberia dizer se é mais por vergonha de mim ou vergonha deles do que da miséria desse infeliz triângulo escaleno.

Obstino-me em longos silêncios, como se quisesse trazer comigo a postura necessária à afasia para além dos limites da semana cética; em silêncio suporto, em silêncio me abstenho, e me resigno e contenho quaisquer emoções violentas demais para o meu equilíbrio. Um pouco porque o ceticismo me ensinou a considerá-las quimeras dispersas no ar: mas principalmente porque agora, fortalecida graças àquele treinamento, sinto-me pronta para me tornar uma estoica — ainda que seja, é verdade, somente por sete dias: minha vida é curta, e talvez eu seja indecisa demais para me ligar para sempre a uma escola.

Mas, para facilitar minha empreitada, esta semana tenho à disposição algo que poderia comparar a um magnífico manual de instruções; e desta vez são máximas que descrevem uma prática precisa da filosofia, não as obscuras fórmulas mágicas dos pitagóricos.

O estoicismo é uma filosofia eclética e cosmopolita: é verdade que mantém sempre o nome emprestado do lugar em que nasceu, a Stoà Poikile, um pórtico nos arredores de Atenas todo decorado pelos afrescos do pintor Polignoto (foi ali que Zenão, quando chegou a Atenas vindo do Chipre, da cidade fenícia de Cítio, estabeleceu sua escola por volta de 300 a.C.). Mas também é verdade que sua popularidade foi enorme e geral, e, em vez de se apagar com o passar do tempo, com o ocaso da era helenística, soube se transformar ao longo dos séculos, deixando-se abraçar inclusive por muitos pensadores cristãos interessados na sua moral do dever e do sacrifício e na concepção providencialista subjacente às doutrinas físicas do estoicismo. A física estoica se apresenta ao mundo, de fato, como um imenso ser vivente penetrado pela alma divina, cujos ciclos vitais se realizam quando todos os astros voltam à mesma posição que ocupavam no princípio: nesse ponto, uma conflagração cósmica devolve os elementos ao caos original de onde o universo renascerá para completar um novo ciclo. Todo evento, no mundo estoico, é inexorável e persegue um destino governado por uma espécie de providência que cuida para que tudo alcance o fim para o qual nasceu.

Mas, além da questão física finalística, os estoicos arquitetaram todo um sistema lógico, descubro estudando anotações dos tempos da universidade e reconstruindo velhas recordações meio apagadas na memória. A sua lógica foi bastante inovadora, talvez até demais para os tempos em que foi elaborada: tanto que calhou de ser redescoberta e revalorizada ao longo do século xx. E foi justamente um estoico, Crisipo, quem introduziu o estudo da gramática no sentido atual do termo.

A máxima fundamental do estoicismo, em todo o caso, é a que nos adverte para *viver segundo a natureza*, isto é, respeitando o princípio divino inerente a todas as coisas: o λόγος (*logos*). O sábio estoico, imperturbável (ou seja, *apático*)[11] e

---

11   Em grego, a palavra «apatia» — ἀπάθεια — não poderia ser mais eloquente a propósito da atitude do sábio estoico, composta como é pelo ἀ que nega e de πάθος, «paixão, afeição, dor».

correto, foge das paixões como o diabo foge da cruz: considera-as verdadeiras doenças da alma e avalia os acontecimentos não segundo critérios pessoais, não seguindo os próprios gostos ou idiossincrasias, mas de acordo com o respeito pela grande lei da razão, segundo a vontade do *logos* que a tudo governa. Para a ética estoica, que despreza qualquer capricho hedonista, a virtude é um dever e — me arrepio — o sábio que não consiga, devido a força maior, comportar-se de maneira virtuosa, é obrigado a recorrer ao isolamento absoluto dos outros homens e, se as coisas realmente não andarem bem, ao suicídio. Ainda que sem chegar a tanto, sinto que não será fácil adaptar a minha postura a uma filosofia tão severa. Com o estoicismo não se brinca, isso é certo.

Como eu dizia, felizmente tenho um manual para me guiar, no real sentido da palavra. Tenho o *Enchiridion* — que, como o nome indica (ἐγχειρίδιον, «que se tem à mão»), é um livreto a ser carregado consigo. Durante todo o tempo que durar meu estoicismo, terei comigo o *Manual* de Epiteto, de quem Marco Aurélio, o estoico imperador, gostava muito, e que foi traduzido em italiano por Giacomo Leopardi, para quem o manual continha «não poucas sentenças extremamente verdadeiras» e também «muitos preceitos e recursos sumamente úteis, além de uma grata simplicidade e familiaridade no modo de dizer».

É um livrinho precioso, e já de início, lendo-o, sinto nascer em mim uma simpatia fortíssima pelo seu autor. Leopardi tem razão; há um quê de profundo, terno e afetuoso nos conselhos de Epiteto. De suas máximas recende algo que se assemelha a uma serena confidência, a uma fé na vida que poderia ser a de um amigo sábio. E acho comovente a ideia do filósofo que elaborou esse pequeno vade-mécum que atravessou os séculos e sobreviveu para que pudesse acompanhar qualquer um que o tivesse em mãos na prosaica vida do dia a dia. Achei na internet, com livre acesso, a tradução de Leopardi, que tento imaginar ocupando-se em traduzir os consolos e os encantos dessa sabedoria que nunca é forçada, a que não se consegue contestar a não ser deixando-a vencer pouco a pouco. Acabei imprimindo-o na copiadora aqui perto, e dali saiu um livrinho pequeno, não que coubesse inteiro em uma das mãos, mas quase. Trago-o sempre comigo, durante toda a semana. Sobre a cômoda quando durmo, ao lado da toalhinha de mesa quando me alimento. É como um talismã, uma presença silenciosa que me dá segurança. Tenho em Epiteto o amigo que não vejo há tempos, de quem se podem ler, porém, cartas e mensagens. Estabeleço conversas silenciosas, parece que ele está na minha frente, com uma túnica grosseira, sandálias de couro meio desiguais, pois o coitado era coxo. As notícias sobre a vida dele são esparsas, mas nem por isso menos apaixonantes: Diógenes Laércio, que de Zenão de Cítio — o fundador do estoicismo — conta uma porção de máximas e anedotas, sobre Epiteto é bastante lacônico, refere-se a ele raramente; Simplício também não colabora muito. Por sorte existe uma enciclopédia bizantina do século X, a *Suda*, que, mais generosa em informações, permitiu conservar na memória da posteridade a trajetória (ainda que traçada com certa imprecisão) da vida desse homem excepcional, que nasceu escravo mas soube, com seu manual, destrinchar a liberdade em uma série de preceitos que ainda nos ensinam a viver vinte séculos depois.

Diz-se que Epiteto nasceu na Ásia Menor, precisamente na Frígia, na cidade de Hierápolis. Tinha a escravidão até no nome — que, na verdade, segundo alguns, era apenas um apelido. Além disso, o fato de compartilhar as primeiras três letras com Epicuro criou entre os dois uma grande confusão imagética, um monte de bustos barbudos esculpidos e identificados pela abreviação «Epi», não se sabendo bem se representam um ou outro.

Epiteto ('Επίκτητος) quer dizer «adquirido», e era uma época em que os escravos eram adquiridos e vendidos sem cerimônia. Isso acontece também com ele, nascido de mãe escrava, escravo talvez inclusive por parte de pai: num belo momento, foi comprado por um sujeito que tinha um nome deveras infeliz, Epafrodito. Que, por sua vez, era um homem livre, e um homem livre de carreira, tanto que se tornou secretário, riquíssimo e influente, de Nero, o imperador piromaníaco. A vida de Epafrodito deve ter sido bem interessante e cheia de aventuras: Suetônio conta como, em 68 d.C., acompanhou Nero em sua fuga e lhe deu até uma ajuda para suicidar-se. O que, no entanto, marcou a reviravolta definitiva do seu destino, bem como do seu poder: ele que havia tido como escravo um dos filósofos morais mais eminentes da história, ele que havia sido o secretário de um imperador de desmedida ambição e igual crueldade, foi primeiro exilado e depois morto por outro imperador que não era dos mais delicados, Domiciano. Mas, antes de sofrer esse revés do destino, talvez durante o breve reinado de Tito ou de Vespasiano, o pitoresco Epafrodito havia, nesse meio-tempo, libertado Epiteto. Que também esbarrou na prepotência de Domiciano, que achou por bem banir todos os filósofos — incluindo Epiteto, que tinha lá seus trinta anos. Que então migrou para Épiro e se estabeleceu na cidade de Nicópolis, de onde encontro no Google umas tantas fotos bem lacônicas sobre seu aspecto nos tempos de Epiteto: uma ou outra ruína das termas e do Ninfeu romano, ciprestes, o mar cintilante, mais ciprestes, pois a cidadezinha (de que hoje só restam ruínas, um museu arqueológico e um centro habitado, Preveza, a poucos quilômetros) terminava em um golfo.

Ao que parece, a boa alma libertada em Épiro chegou lá mancando: as fontes concordam quanto ao fato de que era aleijado. E, como quis o destino que ele nascesse escravo em uma época cuja deficiência física de um servo podia muito bem ser atribuída aos maus-tratos por parte de seu dono, suspeita-se que Epafrodito fosse o responsável. Muitos comentadores insistiram nessa hipótese, entre eles Celso, talvez até para ressaltar ao máximo o seu heroísmo em suportar uma vida cheia de adversidades que, no entanto, ao menos segundo os relatos que restam, na média terminaram de maneira serena. Pode ser que a causa de sua deficiência ao longo de toda a vida tenha sido, em vez disso, uma simples doença reumática: o fato é que, qualquer que fosse o motivo da sua deformidade, certamente não pode ser tratado como um golpe de sorte. Além do mais, ser estoico não é moleza; mesmo fora do campo filosófico, na linguagem do senso comum, significa assumir uma postura de constante e imperturbável resignação. E não é do dia para a noite que alguém pode cunhar, como Epiteto, máximas simplíssimas capazes de confortar qualquer um que queira tentar manter-se racional e firme mesmo diante das provações mais duras e esteja disposto a se lembrar de que «as coisas são de duas maneiras; algumas estão sob nosso controle, outras não», e a aceitar que é inútil gastar energia para mudar as que pertencem ao segundo grupo.

Recapitulando: um escravo — coxo por culpa dos açoites ou de alguma doença — cujo dono foi exilado e morto depois de ter servido a um imperador que passou para a história com a fama de louco sanguinário vê-se em certo momento liberto e se dedica à filosofia, seguindo os passos de Musônio

Rufo, mas por esse mesmo motivo acaba sendo por sua vez enviado ao exílio; chega enfim a uma cidade que ainda estava nascendo, pequena, embora fosse a capital da Épiro romana, fundada apenas cinquenta anos antes de Augusto para celebrar a vitória de Ânzio. Em Nicópolis, porém, as coisas começam a melhorar. E então Epiteto abre a sua escola, ao que parece muito frequentada. O futuro imperador Adriano irá até Épiro somente para consultar o sábio; e outro imperador, Marco Aurélio, nas suas *Meditações*, fala extensivamente dele e o coloca entre seus guias espirituais, embora não o tenha conhecido pessoalmente, tendo nascido quando Epiteto estava, se não morto, bastante ancião, já bem próximo do fim.

Acho que fiz bem em escolher para mim um mestre desse porte — além do mais, seguiu-o também Marco Aurélio: eu poderia querer outra garantia? A vida de Epiteto é uma daquelas vidas filosóficas que exercem em mim uma ascendência fortíssima, magnética, como se a minha ignorância e o abismo dos séculos que nos separam não contassem mais nada diante do afeto que sinto germinar junto com a admiração, intelectual e moral.

Por algum motivo que não sei desenvolver, a desencadear em mim essa simpatia, que se assemelha tanto à devoção, estão sempre aqueles filósofos cujas vidas manifestam uma resistência tenaz à adversidade — como o pobre Spinoza que, excomungado com a marca infamante do *herém*, viveu por muitos anos isolado em uma pequena casa úmida, comunicando-se por meios escusos com seus amigos que ficaram em Amsterdã e publicando de forma anônima seus livros revolucionários, sob a constante ameaça de que o seu nome pudesse surgir por alguma delação vinda de um espertalhão qualquer, e que para se manter dedicou-se a polir lentes: serviço inusitado e perigoso. De tanto inalar poeira de silício, trancafiado em seu casebre em Haia, o pobre Baruch acabou morrendo com pouco mais de quarenta anos, tísico; e ainda poucos dias antes de morrer escrevia aos seus amigos distantes, todos preocupados com ele, cartas reconfortantes e, a seu modo, quase felizes, que diziam que estava melhor e não havia razão para lamentos. Mas não divaguemos — por mais que, no fim das contas, Spinoza não fosse de todo estranho ao estoicismo e a digressão não seja tão aleatória como se poderia imaginar.

O que torna irresistível para mim pensar nessas vidas, creio, é sua fusão com a sabedoria serena e generosa dos escritos deixada por quem a viveu àqueles que vieram depois, que somos justamente nós. No caso de Epiteto, é quase um milagre que qualquer coisa escrita permaneça. Porque ele, que pouco ligava para a glória e a fama literária, como Sócrates (e Pirro), não escreveu nada de próprio punho. Não escreveu nada, mas nos ficou seu manual, além de uma coleção de *Diatribes*: graças aos céus — aliás, graças ao carisma e à sabedoria de que dava provas —, ao coxo liberto, ao coxo da vida cheia de aventuras, calhou ter um discípulo muito aficionado, que se chamava Flávio Arriano. E o bom Arriano, que havia nascido em Nicomédia, mas depois se mudou para Nicópolis, onde justamente frequentou as aulas de Epiteto, decidiu transcrever tudo aquilo que o seu mestre dizia.

Por essa iniciativa sou profundamente grata a Flávio Arriano — e não só eu: pois o *Enchiridion* foi um texto importantíssimo também para Blaise Pascal, além de Marco Aurélio, o caro velho Montaigne e Giacomo Leopardi, que o traduziu em 1825. Epiteto chegou até a China, com Matteo Ricci, o missionário jesuíta que, no final do século XVI, procurava meios de instaurar um diálogo com a cultura local e, convencido de que a moral estoica era a mais compatível com o confucionismo, usou o manual de Epiteto como ponte (ou como cavalo de Troia, conforme o ponto de vista) e traduziu diversas páginas dele para o chinês (obviamente conduzindo-o para um sentido cristão), naquele que chamou de o livro das *Vinte e cinco sentenças que contêm a essência moral cristã.*

Além do precioso livrinho impresso na copiadora, estou munida também de uma lâmpada a óleo. Isso mesmo: ainda que, para ser sincera, eu tenha topado com ela por acaso — domingo, na véspera de iniciar minha semana como estoica, pouco depois de ter rabiscado, a lápis, o lema de Epiteto na prateleira da estante.

É uma lâmpada, mas tem a forma de uma pequena travessa, escurecida pelo uso e por aquela camada que os anos de esquecimento depositam sobre os metais não nobres. Eu a encontrei bem em meio àquela turba orgíaca de mercadores improvisados e de apaixonados por bugigangas decadentes que é o mercadinho do primeiro domingo do mês aqui embaixo de casa — da casa nova, quero dizer.

Ela piscou para mim ao sol, vistosa, sobre o balcão, entre uma boneca de um braço só e uma sopeira de porcelana; não pude não a pegar, ainda que certamente jamais vá acendê-la. Que sentido pode ter comprar uma velha lâmpada, não apenas inútil, mas ainda por cima feia? Pois é: deveria ser uma espécie de advertência para me lembrar de Epiteto. Luciano de Samósata conta que, quando Epiteto morreu, ele era tão famoso que um admirador comprou por três mil dracmas uma lâmpada a óleo que havia pertencido a ele. Exatamente como acontece hoje com as roupas de Marilyn Monroe ou com os tacos de golfe de JFK, arrematados em leilão por cifras astronômicas, assim aconteceu também lá — em um tempo muitíssimo distante subitamente próximo ao nosso —, quando um admirador comprou a altíssimo preço um objeto que havia pertencido a uma celebridade.

A minha não pode por certo ser considerada uma reprodução fiel da lâmpada pela qual um grego desconhecido e podre de rico desembolsou um valor tão grande a ponto de deixar espantado até um escritor calejado como Luciano: aquela devia ser de barro, acho, enquanto eu, em vez disso, ficarei com esse ferro-velho, mistura de lamparina com travessa para molhos, bem à vista na escrivaninha, para que toda manhã, no momento de me pôr ao trabalho, ela me lembre de pensar em mim mesma como uma correspondente menos afortunada do ricaço que abocanhou a original. Sei bem que estou muito longe, nesse turbilhão de tempo e espaço, em relação ao tempo em que viveu o antigo colecionador: então o estoicismo era considerado uma filosofia adequada a reis sábios e a escritores renomados, e a lembrança de Zenão de Cítio estava relativamente fresca. Mas, se comprei essa lâmpada tão parecida com a de Aladim, foi também porque, talvez inconscientemente, queria que me servisse de alerta para outra questão: a dos desejos. Preciso colocar na cabeça que não haverá gênios a que eu possa recorrer quando quiser, a fim de satisfazer minhas pirações: ao contrário, se o meu gênio é Epiteto, se será ele que evocarei com a minha feia lâmpada encardida, farei-o com a precisa intenção de deixar que me ensine inclusive a desejar com critério e moderação, não a me desfazer em caprichos nem a pretender o impossível.

Agora, é realmente importante que eu busque orientar meus pensamentos na direção certa, se quero mesmo ver como é me comportar como estoica. É um esforço urgente, pois esta semana não terei mais a prudência conquistada com o ceticismo para me proteger da atração vertiginosa dos sofrimentos de amor. A lâmpada do meu gênio estoico saberá me ajudar a refrear devaneios inúteis, a calar a tentação de me dissipar em uma espiral de autocomiseração e desejos destinados à frustração?

Para não sair da rota já de início, atenho-me ao manual de Epiteto como se fosse um mapa: anoto em um post-it, que depois colo na lâmpada, alguns princípios fundamentais para ter como referência — um pequeno vade-mécum extraído do *Enchiridion*. O importante é não me deixar levar por desejos *que eu não saiba com certeza que serão realizados*. «Não deseje coisas impossíveis», anoto na folhinha amarela, mas sei que não é o bastante; então, acrescento outra linha: «nem mesmo improváveis», e sublinho a lápis a última palavra. Mas não basta. «Deseje apenas o que sabe que vai acontecer», escrevo, e finalmente consigo ser clara, mesmo que tenha esgotado todo o espaço do post-it e, parece-me, também os meus recursos.

Como serei capaz de me impor apenas o desejo daquilo que posso legitimamente esperar obter? Nunca considerei que o desejo pudesse ser isso, uma forma mínima de expectativa cuja satisfação seja certa, evidente, previsível. Sempre pensei nos desejos como anseio pelo desconhecido, pirações bizarras, impetuosidades de um coração que segue seu próprio caminho; sempre acreditei que fossem tecidos mais de matéria inconsciente do que dos resultados de algum cálculo probabilístico capaz de decretar antecipadamente sua taxa de satisfação.

Mas, nesta semana estoica, confiei meu destino e meus pensamentos ao lema de Epiteto: suporta e abstémte, *sustine et abstine*, ανέχου καί απέχου, cantarolo para mim mesma, constatando que em grego e em latim é possível fazer jogos de palavras com esse lema e em italiano não, a menos que eu diga, como de fato começo a fazer, «sustente-se e contente-se». Devo me manter firme, deixar de lado ilusões e quimeras: ainda bem que sou egressa de uma semana de duro treinamento cético. Contudo, apagar as expectativas, percebo agora, não é nada fácil. Não é fácil executar essa inversão, essa revolução nos tempos e nos modos da felicidade. É como se subitamente eu devesse me esquecer de que existe o subjuntivo, tratar tudo como um eterno indicativo, presente, passado e futuro. Constato que, por automatismo, desde sempre estou acostumada a enxergar meu presente como uma longa, muitas vezes trabalhosa preparação para algo que *espero* obter em um amanhã muito próximo, algo que ambiciono com toda a imprecisão que rodeia as previsões floreadas pela fantasia. Trabalho tanto hoje para ficar mais tranquila amanhã: mas estou certa de que estarei mais tranquila, que poderei descansar? Estou certa de que adiar o prazer não é uma forma de recusá-lo? Não, realmente não estou. No entanto, espero por um prêmio, espero obter algo com o esforço que faço; e a esperança de uma pequena recompensa, uma gratificação em um futuro ainda impalpável, é isso o que permite suportar, no presente, o cansaço e provavelmente alguma renúncia.

Em certo sentido, ser estoico — sustentar-se e contentar-se — não é tão difícil, se vivido na esperança de um prêmio vindouro. Mas e se não pudermos nem mais confiar na esperança? Se devemos examinar rigorosamente o futuro, ou melhor, as expectativas que projetamos sobre o futuro, sem poder conceder ao desejo a imprecisão que o mantém elástico, moldável aos caprichos do humor — o que nos salvará do tédio e do desalento? De repente percebo que o único caminho viável é o de penetrar as coisas, as coisas em si, em vez de minhas aspirações. É como se presente, passado e futuro assumissem subitamente um peso específico maior; e tudo se fizesse mais concreto, mais pragmático. É concreto o hoje, deve ser concreto também o amanhã, até mesmo aquele que imagino. Não terei desilusões se não tiver ilusões. Mas é tão difícil, subitamente, domesticar a esperança, que me obrigo, como sempre, a inventar um sistema prático. Preciso de um pequeno truque simples que me permita treinar, passo a passo, o corpo e a mente: serve qualquer coisa que me leve a assumir a postura que quero assumir. Como um jardineiro astuto que, para fazer uma muda crescer da forma correta, cerca-a de apoios e forquilhas, assim devo me impor uma restrição que faça crescerem as minhas intenções na direção certa.

Concentro-me em uma pergunta: como criar uma disciplina, um ambiente, em que se trabalha para obter um resultado previsível e concreto, sem o perigo de se aventurar guiado apenas por esperanças vagas e irrealistas? Percebo que essa poderia ser uma pergunta válida, em certa medida, para todas as artes humanas, da ioga à música: mas, no que se refere aos resultados, no âmbito da inspiração e da criatividade, a gama dos resultados possíveis e imprevistos é vasta demais para não tornar a aposta exageradamente ampla.

Então, vamos lá: devo somente cozinhar. Não no sentido mais inspirado e artístico, não — ainda bem, minha inabilidade para o fogão me será de grande valia, poupando-me os riscos da ambição e do impulso criativo. Preferirei receitas simples, vou compará-las com expectativas bem específicas e possivelmente não grandiosas; serão regras fáceis de respeitar que treinarei para aplicar sem me atrever a esperar resultados extraordinários.

Graças a esse achado é que pratico o método estoico da *diairesis* e da *proairesis*: não chega a ser um sistema ortodoxo, mas se existe algo que aprendi com os antigos até aqui é o quanto pode ser difícil pensar como eles e quanto é enganoso *pretender* pensar como eles. Estar assim tão imerso no presente, em cada instante, assim inteiro, tão pouco transcendente e, ao mesmo tempo, tão profundamente presente na vida a ponto de superar seus limites mais estreitos, mais particulares: não é nada fácil, principalmente para mim, para nós — por mais que sejamos despachados e nos sintamos livres de preconceitos —, condicionados como somos por velhas crenças e tabus milenares, tão diferentes das crenças e tabus desses gregos que vou conhecendo aos poucos nos testemunhos, nos fragmentos e nas curiosidades.

Por isso, como um adestrador educa um cão, explorando os estímulos físicos para acostumá-lo a uma postura e não a outra, dá a pata, para o canil, sentado, eu devo tentar educar meus pensamentos; e, para fazê-lo, começo com gestos simples, automáticos.

Compro um belo livro de receitas gregas para deixar meu método, embora bizarro, mais sintonizado com o objetivo que prefixei para mim. Tudo bem usar um método alternativo: mas quero realizá-lo *com estilo*. Além do mais, esse frenesi de zanzar entre panela e grill, fogão e louça, riscos constantes e nem sempre evitáveis de queimadura, mantém-me próxima ao coração da física estoica, que gira toda em torno do fogo. Dos clarões cintilantes da minha cozinha quando anoitece, aproveito para refletir sobre o curioso panteísmo dos meus mestres desta semana. Frito *kolokythokeftedes* minuciosamente — almôndegas de queijo feta e abobrinha para serem mergulhadas no *tzatziki* que acabei de acrescentar; misturo e preparo o pão pita, enquanto penso, absorta em meio aos barulhos da cozinha, do exaustor, do tique-taque do cronômetro, do meu mundo, do mundo deles,

107

aquele mundo racional dos antigos. Fico pensando como seria o tempo se os estoicos tivessem razão e o ritmo cósmico fosse imposto por um *fogo-artesão* (πύρ τεχνικόν [*pir technicon*]) a partir do qual a energia gerada cria um universo que viverá apenas por um período limitado antes da conflagração da *ecpirose* (ἐκπύρωσις), em que tudo queima, explode, para depois voltar a nascer, eternamente, em uma contínua *apocatástase* (ἀποκατάστασις), como os estoicos chamavam a perpétua reconciliação que restaura, a cada vez, as particularidades do mundo tal como eram antes que o fogo (a ecpirose, perdão) as destruísse. Apocatástase, que palavra atraente, repito enquanto tiro do forno bolinhos chamuscados e penso na dificuldade que tenho para repetir os gestos cotidianos, para não fazer as usuais concessões à preguiça — agora cozinho, por exemplo, para me educar: mas quantos foram os dias em que apenas beliscava uma saladinha sem tempero, só para não precisar lavar os pratos, só para evitar as tarefas da rotina doméstica cujos resultados sempre desaparecem, a cada dia que passa, como se sua duração tivesse validade de poucas horas? Quanto tempo passei limitando ao mínimo toda atividade material, todos os chamados trabalhos domésticos, pelo desânimo de pensar que sobre um chão recém-limpo a poeira já começa a se acumular de novo, no longo movimento irrefreável que permeia tudo que existe?

Cozinhar me ajuda também no âmbito de minha educação para a ética estoica. Passo mel em alguns docinhos de massa crocante, olho minhas mãos darem forma, talvez um pouco tronchas, aos ingredientes espalhados sobre a mesa. A cozinha está uma bagunça, sempre que termino de preparar um desses pratos gregos tenho de limpar tudo, e de novo e de novo, pois preciso refazer tudo do início. Mas, por algum motivo, nessa espiral de repetição, começo a achar um sentido, um ritmo. Vou adquirindo prática para interpretar as receitas: a escolha dos ingredientes, o tempo de cozimento, tudo me faz exercitar a *diairesis* (o juízo preliminar, que me permite avaliar se algo está ou não ao meu alcance: tenho farinha? Sem ela não posso começar). E desemboco na *proairesis*, a faculdade de raciocínio graças à qual é possível distinguir as experiências sensíveis com base no significado que se dá às percepções: também aqui pratico o estoicismo, quando defino se já me parece ter sal suficiente ou se ainda está faltando.

Não acho que Epiteto seria um entusiasta dessa aplicação da doutrina, mas de sua parte ele a suportaria, como se deve fazer com todas as entidades *aproairéticas*, isto é, que não estão sob nosso controle: os bens, o corpo, a reputação. Ou os comportamentos dos outros, penso: como eu poderia, como teria condições de pensar que estivesse ao meu alcance impedi-los, evitar que ele e Laura se encontrassem no dia em que entre eles, claro, algo mudou de repente?

Pois é. Apesar de todos os meus esforços, vejo-me novamente pensando no ocorrido. Tinha tentado passar a evitar, depois daquela noite: eu me obstinei, ignorando os telefonemas, os dele e de Laura, que queriam me explicar, esclarecer, contar. Como poderiam adivinhar que, para mim, o que eles fazem são todas ações aproairéticas? Acho que nem sequer entenderiam a palavra, eu poderia gritar no ouvido deles, poderia soletrar ao telefone, repeti-la uma, duas, três vezes, e continuariam a não atinar ao sentido. Por que querem me falar de coisas sobre as quais, em todo caso, não tenho poder algum? Também diz Epiteto: «Quando alguém te tratar mal ou falar mal de ti, lembra que ele o faz ou fala pensando que isso lhe é conveniente. Não lhe é possível, então, seguir o que se te afigura, mas o que se lhe afigura, de modo que, se equivocadamente se lhe afigura, aquele que sofre o dano é quem está enganado. Com efeito, se alguém supuser falsa uma proposição conjuntiva verdadeira, não é a proposição conjuntiva que sofre o dano, mas quem se engana».[12]

O que passou, passou, e ainda estava em poder deles fazer com que as coisas andassem daquela forma; mas, como boa estoica, sei agora que, se o que passou, passou, alguma razão haverá, e não é algo de que eu possa me ocupar. Se o mundo explodisse para então recomeçar, este momento eu realmente não gostaria de reviver — quando compreendi tudo com uma evidência que conseguiu desvelar o grosso véu de dúvidas dos meus dias céticos. Mas é claramente inútil que eu me disperse com fantasias vazias e desvairadas — até porque nem mesmo isso depende de mim, não há o que fazer. O que deveria ter acontecido aconteceu, repito a mim mesma, com estoico fatalismo: foi o destino que fez as coisas acontecerem desse jeito. Então, devia ser destino também que eu acabasse triste e desiludida e não atendesse mais o telefone, caso sejam aqueles dois que me ligam — onde está escrito que eu devo perdoá-los somente porque acredito que o comportamento deles tenha sido determinado pelas leis precisas do destino? Conta-se que Zenão, uma vez, castigara um servo espertalhão que, após um furto, justificava-se tentando tirar vantagem da doutrina do mestre: «O destino fez com que eu roubasse», disse. Ao que Zenão, que devia ter a resposta sempre pronta, sem

---

12   Flávio Arriano. *O Encheirídion de Epiteto*. Textos e notas de Aldo Dinucci; Alfredo Julien. Trad. do texto grego e notas Aldo Dinucci. São Cristóvão: Universidade Federal de Sergipe, 2012, p. 55. [N. T.]

pestanejar soube o que lhe responder: «O destino também fez com que você fosse castigado!».

A ética estoica prevê que nos atenhamos a um roteiro determinado, a um código bem específico de comportamento que escolhemos como se fosse uma máscara para mostrar aos outros, uma espécie de vestimenta social.[13] Muito bem: a minha, nesse caso, será a da traída digna, que *estoicamente* suporta sem chegar a um acordo com quem a feriu. Por isso, tenho todo o direito de não responder a telefonemas reparadores: é assim que se comportaria uma traída digna, ou estou errada?

Mas a tentação de chafurdar na tristeza que me assalta... essa é outra história. E é claro que não é nem de longe um comportamento estoico: não posso me fazer de indiferente, mas também não é o caso de passar horas confusa, ruminando. Aqui Epiteto também me alerta: não posso ser tão ingênua a ponto de achar que tenho o poder de influenciar eventos que não dependem de mim; mas tampouco devo resignar-me ao pessimismo mais obscuro, ao pensamento de não poder estar melhor.

Então, na ausência de soluções mais alentadoras, forço-me a não pensar nisso, repetindo-me ainda as palavras de

---

13   Epiteto [sempre na tradução de Dinucci e Julien, *op.cit.*, p. 47]: «Fixa, a partir de agora, um caráter e um padrão para ti próprio, que guardarás quando estiveres sozinho, ou quando te encontrares com outros. Na maior parte do tempo, fica em silêncio, ou, com poucas palavras, fala o que é necessário. Raramente, quando a ocasião pedir, fala algo, mas não sobre coisa ordinária: nada sobre lutas de gladiadores, corridas de cavalos, nem sobre atletas, nem sobre comidas ou bebidas — assuntos falados por toda parte. Sobretudo não fales sobre os homens, recriminando-os, ou elogiando-os, ou comparando-os».

Epiteto: «Das coisas existentes, algumas são encargos nossos; outras não. São encargos nossos o juízo, o impulso, o desejo [...], em suma: tudo quanto seja ação nossa. Não são encargos nossos o corpo, as posses, a reputação, os cargos públicos — em suma: tudo quanto não seja ação nossa. Por natureza, as coisas que são encargos nossos são livres, desobstruídas, sem entraves. As que não são encargos nossos são débeis, escravas, obstruídas, de outrem [...]. Então retira a repulsa de todas as coisas que não sejam encargos nossos e transfere-a para as coisas que, sendo encargos nossos, são contrárias à natureza. Por ora, suspende por completo o desejo, pois se desejares alguma das coisas que não sejam encargos nossos, necessariamente não serás afortunado. Das coisas que são encargos nossos, todas quantas seria belo desejar, nenhuma está ao teu alcance ainda».[14]

O fato é que o corpo também será abarcado entre as coisas que «não são encargos nossos», mas depois de alguns dias de frenética atividade estoica na cozinha percebo, com horror, que estou engordando. Ficou claro de repente o quanto pode ser complicado cultivar uma relação que seja francamente, profundamente estoica, com o próprio corpo, considerá-lo algo cujas transformações são apenas aceitas, com o mínimo fatalismo. Engorda, emagrece, bronzeia, branqueia, adoece, envelhece — nada, são todos eventos em que não há modo de interferir. No extremo, talvez não fosse nem mesmo o caso de se maquiar, de se vestir segundo um determinado gosto — mas não, estou exagerando. No fundo, são meios que temos à disposição para ficarmos um

---

14   Tradução de Dinucci e Julien (*op. cit.*, p. 15). No texto original, a autora fala: «repetindo-me as palavras de Epiteto, que, na doce tradução de Leopardi, soam ainda mais persuasivas». [N. T.]

pouco melhores, permanecendo dentro dos limites do cerca-dinho das coisas indiferentes, da *adiáfora* (αδιάφορα). Cuidar da própria aparência — valorizar-se, como dizem alguns — não é certamente uma atividade revolucionária. E, de outro lado, podemos mudar a natureza do nosso corpo só até certo ponto. Quem herdou tendência para engordar, predisposição para a calvície, alguma doença genética. E não há sentido em se opor a isso, ao menos para quem quer ser estoico. Eu, por exemplo, sinto o risco do sobrepeso agora que, após semanas quase de fome, comecei a cozinhar e a comer como uma obsessiva: mas nessa minha expansão não há nada da fatal intensidade com que se manifesta uma característica congênita. É bem mais a consequência de uma série de deci-sões que tomei conscientemente e do fato de que, depois de tê-las tomado, esbarrei na minha incapacidade de ver longe. Não pensei que, após ter cozinhado tanto, eu ficaria com uma tonelada de guloseimas para consumir, e comecei mal: não apliquei a moderação à minha dieta, como, ao contrário, deveria ter feito, como uma boa estoica. Tenho um freezer, por que não tive a ideia de congelar algumas coisas? É ver-dade que até Zenão era maltratado às vezes devido à sua tendência a beber demais nos simpósios, mas ele ao menos não era glutão. E, além disso, tinha sempre resposta pronta para tais ocasiões, incluindo uma para as reprovações que recebia: a quem o fizesse notar que exagerava no vinho, res-pondia que «também os tremoços são amargos, mas, se dei-xados de molho, tornam-se doces». Para mim, ao contrário, essa atividade imoderada das mandíbulas não me torna nada doce, torna-me apenas flácida e deprimida. Procuro comer para evitar o desperdício, mas me sinto cada vez mais triste.

Começo a examinar o meu corpo, palmo a palmo, a me perguntar se engordei de fato ou se é só porque eu vinha de um período de abstinência alimentar e negligência, e agora estou me recuperando um pouco. Eu me olho no espelho sem dó, concentrando-me no fato de que não posso mudar o que sou, e que, portanto, é melhor ficar com os defeitos que tenho. É muito estranho refletir-se em absoluta solidão, em perfeita resignação.

Sempre me espelhei *para* outra pessoa — até mesmo *em* outra pessoa, observando sintomas mínimos de desejos ou repulsas —, desde quando eu era praticamente uma menina e vigiava meu crescimento, sofrendo com as desarmonias e pensando que jamais agradaria a vivalma, porque não é possível ter um seio maior que o outro, uma assimetria na curva do quadril, os cabelos crespos demais, escuros demais. Sempre me espelhei para alguém esperando poder limar os defeitos, pouco a pouco, com a ajuda do tempo (só quando se é muito jovem se pode acreditar nisso de verdade: contudo, é um pensamento que ainda não me abandona), com um pouco de maquiagem, com a artimanha de esconder e revelar. Esperava poder consertar os defeitos que *eu* considerava defeitos, projetando em mim, como uma lâmpada impiedosa e fria, o que supunha que fossem os olhares dos outros, de quem eu esperava, desejava, queria que me achasse bonita. Tivesse lido Epiteto antes, quanto tempo e estresse teria poupado.

Observo meu corpo como se não fosse meu da forma como sempre o considerei; como se não precisasse de fato *me servir* dele para obter coisas (amor, atenção, admiração); como se, ao menos uma vez, não fossem minhas falhas, meus fracassos, todos aqueles defeitos que ele tem, que sempre teve, que sempre terá em comparação com corpo ideal, que o meu certamente não é, e que talvez nem sequer exista em três dimensões, fora das fotografias.

Entendo que só agora estou vendo algo que deveria ter visto há muito tempo. Ou seja, que de fato é tudo verdade: é verdade que aqueles que considero defeitos do meu corpo não são o sinal de alguma culpa minha, não são as marcas tangíveis de sabe-se lá que descuido, nem a prova de que não sou merecedora de amor. Eles simplesmente não dependem de mim; e ainda assim esse corpo *sou* eu, sou eu esse corpo cujo aspecto posso mudar muito pouco, porque, se tenho tendência a ficar com uma bunda grande nos períodos em que como demais, é assim que sou feita, e não importa que me desespere — não tenho direito algum de me desesperar.

E pela primeira vez entendo que sempre usei, desde quando era pouco mais que uma criança, esse meu corpo com o tirânico pretexto de que eram os seus defeitos que me afastavam do amor, pois achava que a culpa por aqueles defeitos fosse minha. Culpa minha, que era indulgente em relação a comer demais e via a mesma bunda grande que agora vejo no espelho; e, pela primeira vez desde que o conheço, ele me parece tão alegre, tão redondo, que começo a rir sozinha.

Depois de três dias cozinhando como uma desvairada, com a cozinha coberta de travessas e assadeiras para lavar, enquanto o congelador transborda de tupperwares, desponta a ideia assustadora da minha solidão. O verdadeiro problema é que não posso dividir essas delícias com ninguém. Mas é isso mesmo? Devo mesmo tomar essa vida solitária como uma condenação? Jogar fora todas essas iguarias seria uma maldade, um desperdício; mas não é também o caso de me empanturrar. Leio e releio um fragmento de Epiteto: «Lembra que é preciso que te comportes como em um banquete. Uma iguaria que está sendo servida chega a ti? Estendendo a mão, toma a tua parte disciplinadamente. Passa ao largo? Não a persigas. Ainda não chegou? Não projetes o desejo, mas

115

espera até que venha a ti. Age do mesmo modo em relação aos teus filhos, à tua mulher, aos cargos, à riqueza, e um dia serás um valoroso conviva dos deuses. Porém, se não tomares as coisas mesmo quando sejam colocadas diante de ti, mas as desdenhares, nesse momento não somente serás um conviva dos deuses, mas governarás com eles».[15] Ora, não é que eu pretenda me sentar junto aos deuses, mas com os meus amigos, talvez sim. Eu havia colocado na cabeça que estava triste demais para forçar alguém a me fazer companhia; mas quem disse que devo me comportar como se tivesse uma doença contagiosa só porque vivi a experiência — bastante traumática, é verdade — de ser abandonada e precisar mudar de casa às pressas? Com esse pensamento, a minha tristeza, de repente, passou a não ser uma deformidade monstruosa que precisaria ser escondida.

É como um milagre: começo a me sentir, embora ainda triste, menos irremediavelmente deprimida, e não porque eu espere sabe-se lá que tipo de estratégia milagrosa de que meus amigos deveriam lançar mão para me resgatar dos abismos desse sofrimento indecifrável. Não: é só que estou olhando as coisas de uma perspectiva um pouco excêntrica e compreendendo que era a ideia da minha dor, a ideia de ter sido humilhada, zombada, enganada, o que pesava sobre o peito; eu me envergonhava de sofrer, mas agora é essa vergonha que me parece inconsistente, obtusa, de uma ingenuidade infantil. Ponho a mesa, convido sete amigos que não vejo há tempos.

Durante o jantar, rimos muito, nos divertimos. Penso na minha tristeza de um ângulo totalmente diferente. Diz ainda Epiteto: «As coisas não inquietam os homens, mas as

---

15   *Arriano, o. cit.*, p. 25. [N. T.]

opiniões sobre as coisas. Por exemplo: a morte nada tem de terrível, ou também a Sócrates teria se afigurado assim, mas é a opinião a respeito da morte — de que ela é terrível — que é terrível! Então, quando se nos apresentarem entraves, ou nos inquietarmos, ou nos afligirmos, jamais consideremos outra coisa a causa, senão nós mesmos — isto é: as nossas próprias opiniões».[16] Era a *ideia* que eu tinha da minha própria tristeza que tanto me afligia. Mas agora já não tenho medo de ser triste. Depois da festa com os amigos, um momento antes de dormir, penso no ganso de Gozzano:

> Penso e repenso: pensa o ganso um pouco
> grasnante lá na margem do canal?
> Parece feliz! Na aurora invernal
> estica o pescoço, contente e rouco.

> Salta crocita mergulha faceiro:
> decerto nem sonha em ser tão mortal
> como nem sonha o iminente Natal
> nem a faca ardente do cozinheiro.

> Oh, gansinho, tu que és cândido irmão,
> tu que me ensinas que Morte não há:
> só se morre do que se imaginou.

> Mas tu não pensas. És a perfeição!
> Pois ser assado tristeza não dá,
> triste é o assar que de ti se pensou.

---

16   *Arriano, o. cit.*, p. 19. [N. T.]

E pela primeira vez me sinto leve como esse ganso. O que posso fazer se as leis da natureza, da vida, parecem às vezes tão cruéis? Funcionam assim, e não faz sentido elas me causarem dor, penso, pouco antes de adormecer.

Quinta semana
Uma semana epicurista

«De todos os bens que a sabedoria nos oferece, o mais precioso é a amizade.»[17] Essa é a primeira máxima de Epicuro que decoro, inaugurando a minha nova semana.

Estou para me matricular na escola epicurista e, *ça va sans dire*, depois das incômodas práticas do ceticismo, depois da severidade para comigo mesma a que o estoicismo me levou, tenho grandes expectativas de calmaria. Se há algo que aprendi até o momento com essas minhas semanas filosóficas é que elas nunca terminam como eu esperava: o fato de precisar seguir regras vai me modelando e remodelando, e fico cada vez de uma forma realmente diferente daquela que eu tinha no começo — deve ser assim que se sente um pedaço de papel que o origami transforma em cisne ou golfinho.

No entanto, devo confessar, muitas das minhas previsões definitivamente se dissolveram, e é com um gosto quase libidinoso que vou chegando à nova escola: na minha ingenuidade, estou convicta de que me matricular entre os epicuristas me levará a extrair dali algum prazer. Talvez todo esse alvoroço nasça do fato de que Epicuro seja um daqueles

---

17   Epicuro, *Antologia de textos*. Trad. e notas de Agostinho da Silva. Estudo introdutório de E. Joyau. 2. ed. São Paulo: Abril Cultural, 1980, p. 61 (Coleção *Os pensadores*). [N. T.]

filósofos cujas ideias eram tão livres, tão diferentes das ideias de todos os seus contemporâneos — e, portanto, tão loucas aos olhos de hoje — que isso lhe rendeu a fama de depravado, libertino, sem-vergonha ou o que quer que seja. É preciso dizer que, como agora descubro, foi em grande parte culpa dos estoicos o fato de os epicuristas, e Epicuro em particular, terem sido taxados com essa reputação duvidosa.

Ao que parece, um tal Diótimo (um estoico) em certo momento chegou a escrever cinquenta epístolas obscenas apenas pelo prazer de assiná-las com o nome de Epicuro e lhe render a fama de depravado. De resto, do pobre Epicuro falavam de tudo, e eram calúnias sem tirar nem pôr: havia rumores de que ele mantinha um diário em que anotava, às dúzias, os nomes de homens e mulheres com quem fazia amor, de que vomitava duas vezes ao dia para poder voltar a comer gargalhando, de que se embriagava sempre e fazia o irmão menor se prostituir — um dos três irmãos com quem construiu sua escola, com a colaboração de outro sócio, Mys, que era um escravo (e muitos não engoliam[18] o fato de que os epicuristas tratassem os escravos como iguais: o que foi motivo de posteriores reprovações e desavenças). A escola fundada por Epicuro ganhou o nome de Jardim, já que incluía um pedaço de terra cultivada. Até o nome sugere bucolismo, palmeiras, flores e perfumes inebriantes; porém descubro que, mais que um verdadeiro jardim, tratava-se de um pequeno horto. Terá sido muito mais vasto e frondoso do que o campinho de ervas aromáticas que, logo depois dessa descoberta, desponta no parapeito da minha janela, realizando em escala reduzida o princípio que devia inspirar os epicuristas em suas

---

18   É verdade, Epiteto também foi escravo, porém, quando se dedicou ativamente à filosofia, já era um homem livre.

atividades agrícolas: a ideia de cultivar para si frutas e verduras, para garantir que jamais ficariam sem elas.

Sei que é uma bobagem, mas devo confessar que isso me decepciona um pouco, a notícia de que o jardim era apenas uma hortinha. Esperava uma luxuosidade sibarítica, mas, em vez disso... A descoberta da frugalidade de Epicuro me deixa perplexa. É de supor, então, que ele tenha se notabilizado por comportamentos realmente contraculturais — ou pelo menos bastante dissidentes a ponto de serem percebidos por alguém como ameaçadores — para suscitar tamanha fúria, para merecer tanto zelo por parte de seus inimigos a fim de construir para ele uma «má» fama, uma reputação terrível, mas tão fascinante que se tornou lendária (até o corretor automático me confirma isso: transforma diretamente «Epicuro» em «epicúrio», porque para seu cérebro eletrônico não existe o nome próprio, mas só um adjetivo que, por antonomásia, sugere irrefreável gosto pela vida e tendência natural para o gozo alegre e despreocupado).

Em vez disso, descubro, estudando e confrontando as vagas memórias que eu tinha, que a doutrina do prazer elaborada por Epicuro é toda particular. A «vida boa» do epicurista perfeito, uma vida vivida com a simplicidade do Jardim, junto aos amigos, mantendo-se o máximo possível longe dos afãs da política e da ambição, baseia-se nos prazeres ditos *catastemáticos* (em grego, κατασιημαικός, significa «estável, estático» e até «sedado»). Seriam somente estes os prazeres consistentes, verdadeiros: a *ataraxia* (*impassibilidade*) e a *aponia* (απονία: «*ausência* de dor»). Para alcançá-los só há um meio: limitar os próprios desejos, que são potenciais causas de dor. O sábio epicurista não desperdiça tempo e energia na esperança de uma felicidade futura impossível, mas sabe pensar no passado e recordar os prazeres que pôde saborear:

nessa evocação reconfortante, encontra consolo para as dores do presente, se houver.

A ética epicurista é uma ética da serenidade: o verdadeiro saber, para Epicuro, livra do medo e da dor. Assim, por exemplo, o atomismo, que está na base de sua física, liberta-nos do medo da morte. A vida nada mais é do que a união de corpúsculos atômicos, e a morte é simplesmente a sua desintegração. Morre-se, para Epicuro, quando todos os átomos de um corpo, incluindo aqueles mais enigmáticos, doces e ardentes que compõem a alma, se separam. Por isso, quem morre nada sente: não devemos temer a morte como se ela fosse uma grande dor, porque quando ela chegar não estaremos mais e então não sentiremos absolutamente nada. A morte «não é nada para o homem», diz Epicuro: é anestesia (outra palavra grega que fala claramente: αναισθησία, ou seja, «insensibilidade», composta de αν-, negativa, e de αἴσθησις, «sensação») — ausência total de sensações.

Quanto ao temor dos deuses, que prendiam seus contemporâneos em uma porção de superstições, segundo ele, não há motivos para existir: seja como for, os deuses existem, mas vivem suas vidas boas no intermúndio, nos interstícios dos muitos mundos existentes. E — como culpá-los? — para o que acontece na Terra, entre os homens imperfeitos, eles, que são perfeitos e serenos, não dão a mínima: ainda mais porque o universo não é conduzido para finalidade alguma, mas vive sua própria vida entregue ao acaso e às contingências, cuja regra única são os movimentos necessários da matéria, que se adensam no *clinâmen* (palavra latina com que Lucrécio, o maior poeta epicurista, traduz o grego κλίσις [*klisis*], que significa «inclinação»), ou seja, na possibilidade de que gozam os átomos de desviar a direção de sua queda constante, dando vida a novas combinações. Sem *clinâmen*, não seria possível o choque entre átomos, pois, para Epicuro, todas as partículas têm o mesmo peso e caem de cima para baixo, na mesma velocidade: se não pudessem introduzir algum desvio no caminho, jamais se encontrariam.

Epicuro sabe libertar seus seguidores até do temor de não conseguirem alcançar o prazer, mostrando como é simples e acessível o prazer *natural*, que, segundo ele, é o único antídoto para os tormentos tentadores do desejo. Quanto à dor, tampouco devemos temê-la: se é intensa, é sempre passageira, e se, ao contrário, é crônica, certamente sabemos que é branda. Não há dor que não possamos suportar, pois a nossa sensação de sofrimento equilibra-se por si, conforme essa reconfortante relação entre intensidade e duração.

A libertação dos quatro temores fundamentais (dos deuses, da morte, da impossibilidade do prazer, da dor) que dominam a vida dos homens, tornando-os infelizes, é a obra-prima do epicurismo: sempre que penso nisso, surpreendo-me com a simplicidade e a genialidade desse medicamento lógico (o *tetrafarmaco*, τετραφάρμακον) concebido por Epicuro para curar todos nós do medo.

Quanto mais leio sobre a vida de Epicuro, mais me convenço de que ele deve ter sido um daqueles raros homens que logram viver de um modo escandalosamente livre — não sei se me faço entender. Sempre sonhei em fazer parte desse pequeno, seleto time, mesmo sem a aspiração megalomaníaca de me igualar a Epicuro. Gosto de pensar em mim mesma como uma pessoa independente e corajosa, desenvolta e ousada, livre até o ponto de irritar, com minha feliz despreocupação, os bem-pensantes. Evidentemente, não me pareço em nada com essa pessoa.

Quem eu sou não é nem sombra daquela extraordinária «mim mesma» que fantasio, mas justamente sua negação, sua rival: quanto mais me dou conta disso, mais cresce minha admiração por figuras como o Epicuro mundano em quem ainda acredito, no início da semana. E é óbvio que em um período como esse — o fim de um amor somado a uma mudança de casa — não consigo parar de pensar em mim mesma sem uma série de prefixos negativos que aparecem antes de cada mínima qualidade que eu possa predicar a mim. E, se escrevo de modo confuso, é porque, quando estou mal, meu estilo se enovela, se fecha. É um esconder-se sem experimentar a vida sequer de um jeito errado — não é o *lathe biosas* (λάθε βιώσας), a arte epicurista de «viver às escondidas». E, se tenho resistido ultimamente, o mérito é todo do ceticismo, que me permitiu tomar distanciamento daquilo que acontecia comigo; e do estoicismo, depois, que me forçou a ser dura como uma casca de noz, a resistir aos golpes do mundo pelo tempo que me impus.

Mas agora me sinto impotente de novo diante do sofrimento daqueles períodos que talvez todos nós atravessemos, das mudanças, quando acabamos aos pedaços, como um vaso golpeado por um martelo. E, então, se você tiver uma citação bonita, fórmulas extravagantes do sábio exotismo oriental, pode repetir em sabe-se lá que língua, chinês quem sabe, que crise e oportunidade são o mesmo ideograma, e que outros orientais (os japoneses?), quando um objeto delicado de finíssima cerâmica ou porcelana pintada acaba em mil pedaços, consertam-no com ouro fundido, assim as rachaduras se tornam costuras brilhantes, rios dourados que percorrem um mapa até então invisível aos olhos de todos, já que o mapa estava inteiro, firme, todo ele um só pedaço, sem história e sem geografia.

De fato, não tenho sequer o meu estoicismo em que me apoiar: desta vez quero levar até o fim um projeto assim como eu o havia imaginado no início, e não faz sentido abandonar aqui o experimento. Então, estou em pedaços, sem a cola de ouro das palavras de Epiteto para me manter una, sem que o pensamento desses famosos provérbios japoneses possam me dar um verdadeiro conforto, porque, ainda que sejam muito bonitos, não bastam para me dizer como agir, na prática, na minha vida de cada dia. Não bastam para me fazer levantar da cama de manhã.

Mas a camada de desalento, aos poucos, é perfurada pelas frases de Epicuro; frases como esta: «Todas as manhãs a amizade dá a volta na Terra a fim de despertar os homens, para que eles possam felicitar uns aos outros».[19] E quem sabe era de Epicuro que eu precisava nesse exato momento; Epicuro que, para evitar que lhe atribuíssem esta ou aquela herança filosófica, ostentava preventivamente desprezo por quase todos os filósofos.[20] Era meio bruto com todo mundo: por exemplo, com o pobre Nausífanes (que, segundo Apolodoro, foi até seu professor), de quem zombava apelidando-o de *Molusco*, chamando-o de bêbado, sem papas na língua.

Certamente não gostava de seus colegas: não perdia a oportunidade de afirmar que se ocupavam de questões

---

19   Epicuro, *Sentenças vaticanas*, LII. Trad. de João Quartim de Moraes. São Paulo: Loyola, 2014. [N. T.]

20   Segundo o testemunho de Díocles, entre os filósofos arcaicos, Epicuro preferia Anaxágoras, mesmo que em algum momento ele o refutasse, e Arquelau, mestre de Sócrates. Foi em parte seguidor das doutrinas de Demócrito, mas sem grandes entusiasmos: adorava dizer que Leucipo, mestre de Demócrito, não tinha sido de fato filósofo. No entanto, Díocles também diz que Epicuro fazia seus discípulos aprenderem de cor os escritos dele.

inúteis. Ou talvez fosse nisso que ele queria que todos acreditassem apenas para destacar a originalidade de seu pensamento? Pode ser: na verdade, mesmo que fosse vaidade, tinha razão de ser. Quanto à questão da hostilidade para com seus mestres e antecessores, pode ter sido um pequeno crime de orgulho, mas é claro que ele pagou o preço com a fama exagerada de profano, que recebeu graças a seu pensamento e sua vida descaradamente livres; portanto, não é o caso de cultivar antipatia por Epicuro apenas devido a esse esnobismo ostensivo.

«É vão o discurso do filósofo que não cure algum mal do espírito humano»,[21] escreveu ele; e eu, prestes a começar minha semana sob a bandeira de sua doutrina, não demoro a descobrir o quanto isso é verdade. Diógenes Laércio — que fala de Epicuro com grande simpatia — diz que ele tinha uma multidão de amigos: mesmo que tivesse o hábito questionável de criticar os outros filósofos, devia ser um homem adorável. Alguém capaz de escrever trezentos livros e ainda assim cultivar uma vida social tão rica. Certamente não tenho uma multidão de amigos, mas tenho tantas casas, tantas vidas atrás de mim — tantas quantas minhas mudanças, os trabalhos que fiz, os erros que cometi e as enrascadas em que entrei, as ruminações e as inquietações, as hesitações e os perdões que não soube conceder e deixei cair no esquecimento.

Já tenho muitas vidas nas costas e amigos com quem nunca falo. De vez em quando, nós nos escrevemos, enviamos corações, mas não falamos mais. Não sei o que estão fazendo, como estão se virando no mundo, como aplacam os medos, quando são derrotados e quando vencem essa ânsia que

---

21   G. e Reali; D. Antiseri, *História da filosofia: filosofia pagã antiga* (v. 1). Trad. de Ivo Storniolo. São Paulo: Paulus, 2003, p. 247. [N. T.]

invade todos nós de viver e de se dissipar, de perder e ganhar algo. Não sei como se enganam, nem mesmo como acordam. Por isso, você pode imaginar o quanto fiquei surpresa ao encontrar, em um livro que talvez jamais tenha aberto antes, um cartão-postal que nunca enviei a uma amiga que não vejo há anos. Está dentro de um livrinho comprado em Paris durante uma tarde preguiçosa, de que recordo com inexplicável clareza, em uma daquelas banquinhas cujos preços quase nunca ultrapassam os cinco ou dez euros. Obviamente eu o peguei apenas por vaidade, já que depois nunca o li; no entanto, por mais superficial que possa parecer, gostei do título e da capa. Ainda estava no ensino médio, tinha ideias confusas sobre o presente e sobre o futuro e estava animada por passar duas semanas em Paris para estudar francês. É uma edição antiga das Presses Universitaires de France, e o tempo já havia amarelado parte de suas páginas muito antes de eu comprá-la: talvez por isso a tenha escolhido. Ou porque me soava rebelde o nome de Epicuro no título, entre um sol voltado para baixo e a logomarca da PUF. O livro é de 1946, tem todo o direito de estar amarelado. *Épicure et ses dieux*, de A.-J. Festugière. Nunca abri, eu dizia; não que me lembrasse, pelo menos.

Então finalmente o abro e um cartão-postal cai no meu colo. Em um dos lados, a foto de um cacto, com montanhas de lava marrons ao fundo: lembro-me de tê-lo comprado numa pequena loja de suvenires perto de Timanfaya, na ilha vulcânica de Lanzarote, muitos anos depois daquela viagem a Paris. Sabe-se lá como foi parar aqui dentro. Provavelmente foi o meu desleixo de sempre, a mania de não jogar nada fora, o costume embaraçoso de varrer a poeira para baixo do tapete, ou de esconder, para «arrumar», o lixo que encontro quando esvazio um saco ou mala, colocando-o nos primeiros livros que me aparecem nas mãos.

No verso do cartão está a mensagem, escrita no meu habitual traço exagerado, no ímpeto de todas as vezes que escrevo à mão para algum amigo, como se, pressionando a caneta no papel, uma urgência absoluta se libertasse, uma urgência extrema de dizer, de declarar, de florear. Essa mensagem tão carinhosa, por exemplo, para quem a escrevi? Porque eu mesma escrevi naquele papel, no aeroporto — lembro como se fosse ontem. Parece que me vejo, sentada no saguão de embarque à espera de que chamassem meu voo, com a mochila nos joelhos e aquela melancolia amarga de férias que se acabam e isso desbota o tempo restante de que, ao menos em teoria, poderíamos ainda usufruir. Como uma espera solitária em um pequeno aeroporto tranquilo, uma viagem para olhar da janelinha a silhueta das ilhas que se deixam engolir pelo oceano; e depois a escuridão, vista de cima. Mas eu estava muito melancólica para me permitir ficar no presente, para me agarrar àquele momento que poderia ser só meu, como os segredos mais reconfortantes, como o momento antes de adormecer depois de um dia longo e feliz. Então, em vez de saborear as últimas horas das férias, com medo de que realmente acabassem, transformei o seu fim em um castigo. Obriguei-me a vasculhar minha mochila em busca dos cartões-postais que eu havia comprado dias antes, na loja de suvenires, só para pegar alguma coisa e não passar a vergonha de sair de mãos vazias em frente à mulher do caixa. Sabe-se lá quais critérios escolhi para mandá-los, os cartões-postais que eu tinha pensado em guardar para mim de lembrança — antes que, na solidão do aeroporto, aquele pequeno gesto de egoísmo inocente parecesse impraticável, quase imoral. Estava com medo de sofrer de tristeza pela semana que estava terminando, então impedi-me de aproveitar e escrevi uma mensagem exageradamente afetuosa para uma amiga que amava, mas que nunca mais havia visto. Só agora, pensando nisso com as frases de Epicuro embaixo do meu nariz, vejo como meu comportamento foi contraditório: e como continua a ser.

Chamaram o voo e eu, que só tive tempo de escrever aquele cartão, joguei-o na mochila, em um bolso separado daquele em que estavam os outros; queria deixá-lo à parte, estava pronto para ser enviado. E, assim que aterrissei, ao desfazer as bagagens, tirei-o e coloquei-o em algum lugar, para que me lembrasse de carimbá-lo e enviá-lo quando saísse.

Nunca me lembrei disso; não me importava mais, apesar das juras de carinho com que havia recheado a dedicatória. Um dia, enquanto arrumava a casa, eu o vi pendendo na extremidade da estante e, para que não ficasse para lá e para cá, enfiei-o no primeiro livro que me apareceu, que era o *Épicure et ses dieux*, de A.-J. Festugière. Até agora, talvez tenha sido a única vez que o abri.

É evidente, percebo então, que escrevi aquele cartão -postal só para mim. Nem sequer havia me preocupado em enviá-lo. E, desde que aquelas férias acabaram, vi a amiga para quem mandaria o cartão? Talvez não; quando ela veio para minha cidade, eu estava ocupada, ou fora, não me lembro. Trocamos mensagens e corações, na verdade, e nada sei sobre ela, mesmo que pense nela como uma amiga, mesmo que goste muito dela. Não é o caso de me culpar por essa história, não posso tirar de um episódio isolado uma lei geral que descreva — como as leis da física descrevem os movimentos das estrelas — minhas relações com as pessoas que julgo amar. Mas talvez eu esteja aprendendo minha primeira lição como epicurista. Ao ter dado muito peso ao assunto, duas coisas ficam claras quando penso no dia em que escrevi o cartão-postal. A primeira é que foi por medo da dor, que é a outra face do prazer — por medo da tristeza que tingiria aquele momento, como o pôr do sol quase tropical que, enquanto isso, tingia o céu lá fora do portão de embarque —, que me neguei a estar verdadeiramente presente naquele instante, naquela doce e suave despedida. A segunda é que usei a desculpa de me comportar como uma boa amiga — um gesto de carinho não solicitado, patético e compensatório — para não mergulhar no momento presente: mas, ora, mesmo esse momento se revelaria como aquilo que era, e à minha amiga, daquele carinho que me esforcei para demonstrar, não chegou sequer um sopro. Ela provavelmente nem suspeitou que eu pensasse nela. Eu não lhe havia dito nada, nem tinha estado perto dela; tinha apenas desperdiçado um momento.

Dizem que Epicuro esperou a morte, aos 71 anos, em uma tina de bronze cheia de água quente, bebendo vinho e conversando com os amigos: e, mesmo que fosse apenas uma lenda, o fato de ele ter sido capaz de inspirar tal história já é por si só comovente. No dia em que morreu, o velho filósofo escreveu também uma carta:

> Neste dia abençoado, que é também o último de minha vida, escrevo-te estas linhas. As dores decorrentes da disúria e da disenteria nunca me abandonaram ou diminuíram seu intenso furor. Mas a todos esses males minha alma resiste, feliz com a memória de nossos colóquios do passado. Cuida dos filhos de Metrodoro, de modo que honre a generosa disposição espiritual que desde jovenzinho tu devotaste a mim e à filosofia.

Estava morrendo, naquele dia. Não estava voltando das férias para casa; estava morrendo; e ele escreveu uma carta de verdade, para realmente recomendar a seu amigo Idomeneu que cuidasse dos filhos de outro amigo, que estava morto e por sua vez os havia confiado a ele. E, nisso tudo, conseguiu até aproveitar o momento de despedida de sua vida na Terra para beber vinho e bater papo — ou, pelo menos, conseguiu deixar atrás de si uma lenda como essa, que, verdadeira ou não, tem uma força tão radical que salta do simples anedótico para o plano do *exemplum*. Morrendo de cálculo renal no século III a.C., com disenteria e essa «disúria» que não sei o que é — e acho que nem quero saber —, Epicuro conseguiu escrever palavras tão cheias de ternura pela vida, tão doces até para com a dor. Tão generosas. Eis o que me falta, eis o que aprendi nos primeiros dias como epicurista: não fui generosa o suficiente até agora. Por isso o prazer me escapa, por isso não sei viver o instante, usufruir o presente. Por isso sou como os detratores de Epicuro, enquanto me distraio com bovarismos grandiloquentes em relação às possíveis delícias de uma vida epicurista.

Não há generosidade em imaginar a mais estúpida devassidão: não há nisso o menor vestígio da generosidade que irrompe dessa carta, a generosidade que permite abraçar a vida e a morte. O prazer não é uma rota de fuga da vida, ainda que a vida às vezes fique sombria e terrível. O prazer é o sinal de que a dor se vai, em um equilíbrio delicado e inflexível como o dos vasos comunicantes: mas há prazeres que podem se tornar suplícios, desejos turbulentos que têm a desagradável capacidade de assumir o controle sobre qualquer outro sopro de vida, semeando destruição na cabeça e no coração de quem se torna dependente deles. Isso Epicuro sabe bem, e o explica muito claramente a Meneceu em sua carta sobre a felicidade; portanto, acho curioso, e cruel, que seu nome tenha sido ligado justamente àqueles prazeres que ele condenava, aos desvairados excessos de que se manteve longe:

> E o conhecimento seguro dos desejos leva a direcionar toda escolha e toda recusa para a saúde do corpo e para a serenidade do espírito, visto que esta é a finalidade da vida feliz: em razão desse fim praticamos todas as nossas ações, para nos afastarmos da dor e do medo. Uma vez que tenhamos atingido esse estado, toda tempestade da alma se aplaca, e o ser vivo, não tendo que ir em busca de algo que lhe falta, nem procurar outra coisa a não ser o bem da alma e do corpo, estará satisfeito. De fato, só sentimos necessidade do prazer quando sofremos pela sua ausência; ao contrário, quando não sofremos, essa necessidade não se faz sentir.[22]

Ele diz «prazer», «desejos»; mas acho que poderia falar também de serenidade e equilíbrio. Na verdade, decido interpretar suas palavras dessa forma, e continuo a ler:

> Os alimentos mais simples proporcionam o mesmo prazer que as iguarias mais requintadas, desde que se remova a dor provocada pela falta: pão e água produzem o prazer mais profundo quando ingeridos por quem deles necessita. Habituar-se às coisas simples, a um modo de vida não luxuoso, portanto, não só é conveniente para

---

22   Epicuro, *Carta sobre a felicidade (a Meneceu)*. Trad. de Álvaro Lorencini e Enzo del Carratore. São Paulo: Editora Unesp, 2002, pp. 35-7. [N. T.]

a saúde, como ainda proporciona ao homem os meios para enfrentar corajosamente as adversidades da vida.[23]

Essa que descreve Epicuro é uma vida mais típica dos velhinhos sábios do que um mergulhar nos excessos. Uma busca por alívio, não por abusos. O fato é que não estamos acostumados a cultivar a moderação, percebo, com certa surpresa, quando minha vida epicurista inesperadamente se transforma em uma longa busca pela frugalidade. Uma tarefa que me dou de imediato, seguindo as instruções do mestre, é a de elencar meus desejos, dividindo-os em diferentes categorias, três para ser mais exata. Há os naturais e necessários, como comer, beber e dormir o suficiente. Depois os naturais, mas não necessários — que beiram o supérfluo, mas tão doces aos sentidos: comer bem, beber bem, dormir bem. Tento ficar com o primeiro tipo, com uma abertura moderada para o segundo, mas tomando cuidado para evitar o terceiro tipo de prazeres, que não é natural nem necessário: os prazeres induzidos pela opinião.

Não deveria encarar com um pudor hipócrita esses pobres desejos, não deveria demonizá-los: mas o ônus de elencá-los constantemente me obriga a refletir três vezes antes de me permitir alguma coisa. A verdadeira surpresa da semana epicurista é que justamente quando esperava me transformar em uma alegre e incorrigível libertina, acabo me comportando como uma velhinha mansa e comedida.

Cultivo minhas plantas no parapeito da janela, como de forma saudável e nunca em excesso; não penso mais naquele par de botas que vi na vitrine de uma loja, que queria muito, mas não tinha como comprar. Eu não compro, só

---

23   Ibid., pp. 41-3.

isso. Não vou sacrificar a qualidade da minha comida, que se tornou muito delicada, para ter a aparência que eu gostaria, para sentir o êxtase que me dariam aqueles saltos prateados. Nenhum prazer é um mal em si, mas podem ser maus os meios de obtê-lo, recito como um mantra; frugalidade não é viver à míngua, mas pôr limite às preocupações.

Tenho a sensação de me livrar de restos supérfluos enquanto aprendo a ponderar sozinha, com a força crítica do meu juízo, tudo o que quero, ou que penso querer, ou, ainda, que querem que eu queira. Começo a sentir certa desconfiança divertida dos anúncios publicitários. No quinto dia, eles me parecem apenas engodos gigantescos, colocados em toda parte para ludibriar as pessoas. Estou ficando paranoica? Estou obcecada por mensagens subliminares, pareço caminhar pelas ruas de *Eles vivem*.

Quero decidir por mim mesma o que quero, mas também o que não quero. O problema, porém, é que essa atividade acaba absorvendo todo o meu tempo, é uma espiral de que parece impossível escapar. Não faço nada além de pensar nas coisas, nos objetos que bagunçam minha casa, que tento arrumar para me sentir virtuosa. Acontece que, presa ao afã de me livrar do supérfluo de uma vez por todas, vou doando a instituições de caridade as roupas que já não uso, mas também as que me parecem responder a um gosto que não é o meu. Por um ou dois dias, fico leve.

Contudo, na noite do terceiro dia após desentulhar o guarda-roupas, tenho que sair para jantar. E pela primeira vez entendo o que realmente significa não ter nada (ou quase nada) para vestir. Fui mimada por toda a minha vida: como conseguiria me enganar agora e de repente me tornar uma asceta?

Só me sobraram roupas perigosamente parecidas: de tanto querer parecer eu mesma, terei de vestir um uniforme. Começo a chorar na frente do guarda-roupa vazio. É claro que estou errando em alguma coisa. Talvez a questão do desejo tenha me pressionado tanto — no meu mundo de consumismo conformista — que tive uma reação radical demais. Eu, que tinha tanta pressa em me declarar epicurista, vivi esta semana a experiência de um bovarismo extremo, ainda que totalmente privado: um exibicionismo sem testemunhas que de repente revela em mim o caráter contraditório da relação que tenho com os desejos.

Tenho medo dos desejos, mas é claro que não os respeito, mesmo que eu saiba o quanto podem ser fortes: em vez de dobrá-los, de domá-los com essa firmeza não natural, por que não parei para ouvi-los? Eu deveria ter percebido que essa febre de ascetismo, não muito diferente da impetuosidade a que se opõe, se voltaria contra mim. Não é fácil aprender a moderação: creio ser mesmo impossível, pelo menos enquanto eu olhar para ela com essa camada a mais de moralismo, essa mania de conferir um sentido aos mínimos gestos. Quis me impor uma postura austera, mas toda alheia, falsa. Não é verdade que me entusiasma fazer uma sopa, não é verdade que me basta uma maçã. Eu só queria me deixar absorver pelas pequenas coisas: mas o problema é outro. Em pé na frente de um armário semivazio, que se assemelha apenas ao meu lado mais severo — bani as cores, pois não me pareciam *necessárias* —, percebo estar diante de um bom problema: ao me concentrar em mim mesma, obcecada em aproveitar todo o meu arrebatamento, esqueci a amizade.

Não posso pensar só no prazer: nem para tentar torná-lo demasiado sofisticado e essencial (com resultados que depois, como aconteceu comigo, desaparecem), nem para usá-lo como refúgio. Por nos enrodilharmos no interior de nossa vida secreta, a fim de nos consolarmos e nos protegermos do mundo, acabamos nos transformando em pequenos caracóis confinados em suas conchas. Acendemos velas e luzinhas, buscamos serenidade ou minimalismos, abrimos a boca para palavras nórdicas intraduzíveis como *hygge*, concentramo-nos na simplicidade de pequenos prazeres idiossincráticos e indescritíveis — o primeiro gole de cerveja gelada. Mas, por favor, só o primeiro — porque, no fim das contas, duvidamos do prazer. Mas é tão chato, depois de um tempo, viver enfurnado nos próprios sentimentos! A «mim mesma» que tanto se esforça para viver plenamente o instante em que a sopa de legumes começa a ferver, que fica besta como se tivesse realizado sei lá que façanha por produzir sozinha três folhinhas de manjericão, que começa a ficar paranoica com qualquer desejo que parece ter se insinuado pelo mundo externo, não é menos infeliz e menos parecida com Bouvard e Pécuchet do que aquela que comprou um livro incompreensível em Paris apenas para aparecer. Vejo que errei: não em querer experimentar a vida epicurista, mas em querer fazê-lo desse jeito, sem meios-termos, esperando uma catarse e pensando poder obtê-la inteiramente com a firmeza de meus propósitos; distanciando-me do mundo, isolando-me como se fora de mim houvesse um halo tóxico, contaminado. Tal isolamento não leva à sabedoria, mas ao fanatismo; não quero de jeito algum me tornar a Suíça da piada de Orson Welles — quinhentos anos de amor fraternal para inventar cucos, enquanto a poucos quilômetros, a partir de conflitos sangrentos, surgia a Capela Sistina.

Ative-me às coisas — aos objetos — porque queria *me libertar* da escravidão das coisas. O despropósito do alvo que eu mesma escolhi é tão claro que o erro ficou de súbito evidente, assim como ficou também evidente o fato de que posso aprender com o erro: é o momento de voltar atrás.

Por sorte, como Epicuro generosamente escreveu em sua carta sobre a felicidade:

> ninguém jamais é demasiado jovem ou demasiado velho para alcançar a saúde do espírito. Quem afirma que a hora de dedicar-se à filosofia ainda não chegou, ou que ela já passou, é como se dissesse que ainda não chegou ou que já passou a hora de ser feliz. Desse modo, a filosofia é útil tanto ao jovem quanto ao velho: para quem está envelhecendo sentir-se rejuvenescer através da grata recordação das coisas que já se foram, e para o jovem poder envelhecer sem sentir medo das coisas que estão por vir.[24]

Impossível ser mais claro do que isso. Não sou um caracol, não sou e não devo pensar que sou a dona indiscutível da minha vida; em partes, sim, mas não de todo. Só preciso procurar não ser extremista, colocar no meu epicurismo algo do que aprendi com os estoicos — afinal de contas, mesmo com um ódio mortal dos epicuristas, Epicuro talvez estivesse mais próximo da doutrina deles do que gostariam. Caí na armadilha de acreditar em uma oposição radical entre as duas escolas e acabei em um — ascético — delírio de onipotência. Por que não consegui logo de início dar o devido peso a estas palavras de Epicuro, que eu tinha inclusive anotadas em meu caderno, sublinhando-as duplamente com a caneta? «Nunca devemos nos esquecer de que o futuro não é nem totalmente

---

24   Ibid., pp. 21-3.

nosso, nem totalmente não nosso, para não sermos obrigados a esperá-lo como se estivesse por vir com toda a certeza, nem nos desesperarmos como se não estivesse por vir jamais».[25]

Entendo que ser uma boa epicurista não significa nem ser libertina nem beata na austeridade para comigo mesma, mas me deixar viver com um sutil fatalismo, sem me tornar presa da angústia. Não há nada de muito grave, o *tetrafarmaco* está comigo: não devo temer nem os deuses nem o superego, e o medo subterrâneo que tudo devora, o medo da morte, é medo de algo que tampouco vou experimentar, porque não estarei lá, porque não vou senti-la da mesma forma como sinto a vida. E eu sinto a vida, de repente, quando volto a olhar para fora, para um dia em que chove a cântaros.

«Portanto, todo prazer constitui um bem por sua própria natureza; não obstante isso, nem todos são escolhidos; do mesmo modo, toda dor é um mal, mas nem todas devem ser sempre evitadas»:[26] não havia nenhuma necessidade de ser tão melodramática, penso. Compro para mim um lenço vermelho, que custa menos do que as botas que eu queria, mas que me deixa de muito bom humor. E não pelo objeto em si — não vou me perguntar se é um desejo induzido! —, mas apenas pelo gosto de ter me dado um presente, de me fazer feliz com pouco.[27] Mas o que me deixa mesmo de bom

---

25   Ibid., p. 33.

26   Ibid., p. 39.

27   «Consideramos ainda a autossuficiência um grande bem; não que devamos nos satisfazer com pouco, mas para nos contentarmos com esse pouco, caso não tenhamos o muito, honestamente convencidos de que desfrutam melhor a abundância os que menos dependem dela; tudo o que é natural é fácil de conseguir; difícil é tudo o que é inútil» [Id., p. 41], diz a carta sobre a felicidade.

humor é outra coisa. Não tem a ver com o lenço: é apenas um símbolo, como todos esses objetos de que até ontem eu queria desesperadamente me livrar.

Saí para comprar selo, um envelope e papéis de carta. Sentada em uma mesinha de bar, sem me forçar a elencar este momento de prazer, envolta pela doce monotonia da chuva, escrevi uma longa carta para minha amiga, aquela a quem nunca mandei o cartão-postal — coloquei-o depois, também, junto às folhas, no envelope. E espero que ela me ligue, espero ter notícias dela em breve: quero saber o que ela faz e o que pensa, convidei-a para um encontro. Quero passear com ela pela cidade, fazer amizade com desconhecidos. De repente, depois de ficar obcecada com isso por vários dias, vejo que no mundo não estamos somente eu, as coisas e as sensações que as coisas me dão: há o mundo inteiro, os amigos, os passantes. Há a chuva, as poças, a umidade, e, agora que não estou mais a escutar tudo, tudo fala comigo. Enfim, recuperei as sensações, agora que olho para fora, agora que não me deixo obcecar por mim mesma.

Sinto que a dor pelo amor acabado, se foi aguda, foi breve; resta uma dorzinha crônica, de fundo, mas que não é insuportável. Epicuro estava certo.

A chuva me aparece como um renascimento; renasço no aguaceiro que contemplo da janela, depois de voltar para casa. Cotovelos no parapeito, lenço vermelho no pescoço, olho a chuvarada lá fora como alguém que, da margem, olhasse uma tormenta no mar, sentindo-me abrigada da fúria dos elementos. Só estou me esquecendo de que nunca somos totalmente donos do nosso destino.

Como poderia ter adivinhado — tomada como estava pelas minhas plantinhas e pela ação exaustiva de escarafunchar tão rigorosamente meus desejos — que o terraço acima do meu apartamento estava com as calhas entupidas havia meses? Descubro isso de repente quando, toda cheia de lirismo e emoção, contemplo a água que desce em redemoinho, do lado de fora dos vidros riscados pela chuva; descubro, depois de um barulho assustador, uma cascata de escombros, uma faísca. Bem em cima do meu computador, no canto da sala, o teto rachou e tudo desabou. Por sorte eu estava na janela, olhando a chuva, e não na escrivaninha trabalhando, como deveria. Embora não deva me preocupar com a morte, que só existe quando não existimos, estou muito feliz por Epicuro ter me salvado.

Da rachadura no teto, parece que quase vejo um pedaço do céu. É melhor chamar os bombeiros.

Sexta semana
Uma semana cínica

Começo minha última semana filosófica em desespero devido ao desastre em casa; por outro lado, contudo, ela termina em um passeio com meu cachorro pelas ruas do bairro e com um amigo a mais: Mario, chamado de Marione, o mendigo que vive no subsolo. É uma das pessoas mais simpáticas que conheci nos últimos tempos, e tenho a impressão de que é também por isso que os vizinhos reservaram para ele um lugar fechado, no subsolo, onde, no entanto, ele só dorme quando o tempo está muito ruim, já que em geral é melhor ao ar livre, argumenta ele. Obviamente, estou falando da semana cínica: aquela em que, pela primeira vez na minha vida, acerco-me, com uma proximidade quase aceitável, da compreensão do que seja a liberdade. E talvez até a felicidade.

Acho que nunca teria adivinhado algo do tipo, nem remotamente, caso não tivesse passado pelas últimas semanas: se não tivesse descoberto, como pitagórica, que podia vencer a preguiça e me impor regras precisas, mesmo não entendendo o significado delas; se na escola dos eleáticos não tivesse aprendido a deixar de lado a presunção de considerar o tempo algo exclusivamente meu, que deveria supostamente fluir na direção que eu determinar. Se depois os céticos não tivessem me ensinado a duvidar das sensações e a sempre me fazer perguntas sobre tudo, e os estoicos, a suportar a ideia de que certas coisas não podem ser mudadas; e se, enfim, junto com Epicuro, eu não tivesse começado a tratar meus desejos com familiaridade descontraída, a ser generosa e não mesquinha com o que experimentava, como se deve ser com os amigos.

Sobretudo, não teria conseguido se não tivesse começado a viver no presente, com o corpo e também a mente, para me manter acima dos dilemas menores, dos detalhes insignificantes da vida cotidiana; com todas as energias voltadas para testar meus limites, fazendo-me saltar as barreiras dos hábitos mais inveterados, contra os refrãos dos pensamentos que rimam entre si e que, de tanto rimarem e se repetirem, perdem toda nuance de significado: permanecem apenas os ecos de ruminações cansadas. É estranho que o que pensamos serem os nossos valores máximos — que imaginamos tão sólidos e inexpugnáveis como paredes grossas, como se nos definissem como pessoa — consigam de repente tornar-se elásticos, suaves e leves. Pensava estar trancada em um pequeno forte, segura entre as margens muradas de minhas pequenas certezas, das coisas que desde sempre me acostumei a pensar sobre mim, sobre os outros e sobre o mundo: mas era um daqueles castelos infláveis em que as crianças brincam, frágil e totalmente impróprio para proteger e guardar o mais ínfimo segredo, ou para durar no tempo, como um castelo de verdade deve fazer: perfeito apenas para brincar sem se machucar — o que, diga-se de passagem, seria provavelmente impossível em um castelo de verdade.

O que me impressiona, porém, é que de fato não sinto falta da proteção que por muitos anos me dei, com o hábito de pensar sempre as mesmas coisas, ou melhor: de sempre pensar como se fosse proibido olhar além das paredes do castelo, enxergar as águas do fosso, desafiar crocodilos. Achei que servisse para me preservar, para tornar minha vida serena; só serviu para me tornar deprimida.

Em resumo, estou bastante destemida no início desta semana cínica, embora hesitasse em confessar: é tudo novo e ainda estou desorientada, atordoada pelo que aconteceu na noite da tempestade. No ponto exato em que o teto desabou por causa da chuva de entulho, estava minha escrivaninha, e sobre a escrivaninha, o computador; e dentro do computador, uma tradução quase terminada, meio romance e dois ou três rascunhos de artigos. Alguns contos também e muitos livros em PDF. É claro que, como prova de minha grande prudência, eu tinha tudo salvo em um *pen drive*. Mas que, infelizmente, naquele dia ficara inserido no compartimento apropriado.

Ao lado do computador, conectada a um pequeno cabo que sugava a energia do PC para recarregar sua bateria, havia outra prótese da minha memória: o telefone, com a agenda e as mensagens, as fotos e as datas de aniversários dos amigos, o navegador que conhecia meus trajetos e o corretor T9 que falava a minha língua e até sabia sugerir quais palavras adicionar depois da que eu estava escrevendo.

Disseram-me que, se eu quisesse, poderia tentar recuperar algo. Falaram de discos rígidos, de memória interna, de outras coisas ainda que educadamente fingi escutar. Então, com um enorme sorriso, olhei diretamente para o técnico e disse-lhe para não se preocupar. Disse-lhe que não era necessário e que realmente não me importava com a recuperação de nada: ele parecia preocupado de verdade, mas eu me sentia radiante de felicidade.

Quanto trabalho perdi — como vou entregar a bendita tradução? Não tenho a menor ideia. A questão é que o técnico chegou no terceiro dia da minha semana cínica, e o resultado foi esse. Sinto que de alguma forma vou conseguir me virar; só não sei dizer *como*.

Desde quando comecei a ser cínica, contudo, tenho observado os cães. Não faço nada além de observar os cachorros na rua. Às vezes sigo algum que trota decididamente sabe-se lá para onde — mas os cães sempre sabem aonde ir. É incrível: até poucos dias atrás, era como se eles não existissem para mim, e agora os vejo por toda parte, são lindos, felizes, são como me sinto nos meus dias cínicos. Mas talvez seja melhor colocar alguma ordem para prosseguir.

Sempre me senti atraída pela escola cínica, talvez apenas pela beleza do nome, ou pelo bovarismo de sempre, o mesmo que fazia brilhar tanto, aos meus olhos, a alcunha de «epicurista»: sempre almejei o adjetivo «cínico» como se almeja um título honorário. Que nunca me foi concedido: é a medalha por um sarcasmo, um deboche, que só existe na minha cabeça, acho, porque nunca na vida alguém me chamou de cínica.

Provavelmente minha simpatia instintiva foi o que me fez deixar esta escola por último — que chamamos de cínica, mas poderíamos chamar de escola canina —, quando fiz a lista das seis instituições que eu frequentaria em minhas seis semanas de experiência. Guardei-a para o final porque me parecia a mais divertida, mas sobretudo a mais livre: antes mesmo de iniciar este insólito exercício eu sabia — e agora confirmei isso — que para a liberdade é sempre melhor chegarmos preparados.

Quando começo com os cínicos, tenho com eles apenas uma familiaridade afetiva, e muito arbitrária, devido ao fato de que, da tralha anedótica que habita minha memória desde os tempos das disciplinas de filosofia antiga na universidade, de vez em quando surge uma imagem — com a qual, confesso, muitas vezes me consolei ao longo dos anos, diante do desânimo que me invade ao consultar o saldo de minha conta bancária. Era a imagem de Diógenes de Sinope, que se havia autoapelidado de *Cão* e vivia como um vira-latas, dentro de um barril.

O κυνισμός — cinismo — é literalmente a «imitação do cão»: e é essa a melhor definição do estilo de vida cínico. Mais que as doutrinas, cínicos difundem comportamentos. Sua escola foi fundada por Antístenes, logo após a morte de Sócrates, em um ginásio nos arredores de Atenas, que era chamado de Cinosarges (isto é, «cão ágil») e ficava em um terreno dedicado a Hércules. Pode ser que o nome da escola tenha nascido assim, por acaso, a partir do lugar onde surgiu; porém o fato é que — por puro acaso ou por um nexo de que não se sabe qual é a causa e qual é o efeito — a inspiração canina fincou raízes em toda a escola. Os cínicos colocaram no centro de sua doutrina justamente o objetivo de viver como cães, transformando com ímpeto quase artístico todos os aspectos da vida em uma vagabundagem profissional e, ao mesmo tempo, de rigorosa fidelidade ao dever moral. Foi uma escola com objetivos e interesses puramente éticos. A virtude humana, para os cínicos, consiste em *viver de acordo com a natureza*. Não, porém, no sentido racional e teleológico que os estoicos deram a essa mesma expressão: para os cínicos, que atribuíam importância máxima à *prática* de um exercício existencial e que, por isso, moldaram uma doutrina muito mais ativa do que descritiva em relação ao mundo, é fundamental adaptar-se às condições de vida mais simples e elementares. O ideal cínico da autossuficiência ou autarquia (αὐτάρκεια, palavra que mais tarde também será estoica, mas que os cínicos levam a consequências muito mais extremas em termos práticos) combina com uma redução drástica das necessidades. E não digo isso só por dizer: o verdadeiro cínico, com muito mais tenacidade que os epicuristas, não dá a mínima para as necessidades artificiais. Em vez disso, é extremamente criterioso para distingui-las e se dedica a satisfazer — sem sinal de vergonha — apenas as mais urgentes, as *verdadeiramente* primárias. Um exemplo luminoso dessa filosofia de vida é a biografia do famoso Diógenes de Sinope, que não só assumiu o nome de Cão e viveu em um barril como mostrava desprezo por qualquer conforto, até os mais simples: mesmo uma tigela ou uma xícara para beber, por exemplo. Segundo o Cão, na verdade, ninguém pode precisar de um copo enquanto as mãos estiverem à disposição. O cinismo professa uma postura subversiva em relação a todas as normas sociais vigentes, uma atitude marcada pela mais extrema *impudência* (αναίδεια [*anaideia*]) e indiferença a qualquer convenção.

No momento em que estou realmente prestes a dar uma de cínica, estudo Diógenes no retrato formidável que fez dele seu homônimo Laércio, por meio dos testemunhos colhidos no sexto livro das *Vidas e doutrinas dos filósofos ilustres*. Assim recebo a explicação de seu apelido vinda de quem me parece ser de fato a voz viva do Cínico. Que, aliás, deve ter sido um humorista extraordinário, entre outras coisas: mesmo considerando que no monte de piadas corrosivas que lhe são atribuídas há algum exagero de seus seguidores, a origem de onde a lenda nasce devia ser muito conhecida. «Certa vez, Alexandre o encontrou e exclamou: — Sou Alexandre, o grande rei —; — E eu —, disse ele, — sou Diógenes, o cão —. Perguntaram-lhe o que havia feito para ser chamado de cão, e a resposta foi: — Abano a cauda para quem me oferta qualquer coisa, ladro para os que recusam e mordo os patifes —»[28] E parece que, de vez em quando, ele os mordia mesmo: quando não com os dentes, certamente com palavras. Mas acho que não se pode esperar nada menos que isso de um sujeito assim. Um sujeito que, por exemplo, respondeu deste modo aos que o censuravam pelo exílio: «Mas me dediquei à filosofia por causa disso, infeliz!».[29] A um homem que, para provocá-lo, disse que o povo de Sinope o tinha condenado a partir: «E eu, a permanecerem onde estavam».[30] E, quando lhe perguntaram qual era, para ele, o momento oportuno na vida de um homem para se casar, respondeu: «Quando se é jovem, ainda não é tempo; para um homem idoso, nunca mais».[31]

Claro que o fato de se referir a si mesmo como um cão não deveria deixar seus interlocutores indiferentes, e eles eram bastante numerosos: Diógenes passava a vida conversando com desconhecidos, contando piadas cáusticas nas quais encaixava ensinamentos tão simples quanto difíceis de colocar em prática. A umas figuras que pediram que ele fosse mais preciso sobre sua natureza canina, especificando a que raça ele achava que pertencia, respondeu que, quando estava com fome, era um cão maltês, quando estava saciado, um cão molosso: isto é, um cachorrinho agitado e um cão colossal. Acrescentando, apenas para esclarecer: «duas raças muito elogiadas, mas as pessoas, por temerem a fadiga, não

---

28   Diôgenes Laêrtios, *Vidas e doutrinas dos filósofos ilustres*. Trad. de Mário da Gama Kury. Brasília: Editora da UnB, 2008, p. 167.
29   Ibid., p. 164
30   Ibid.
31   Ibid, p. 166.

se aventuram a sair com elas para a caça». E, para evitar dúvidas, para sublinhar sua natureza pungente e irritante: «Da mesma forma não podeis conviver comigo; porque receais sofrer».[32]

Diógenes, o Cão, real precursor do punk, tal como o imagino baseada nesses depoimentos hilários, tinha certo gosto — inclusive declarado — para o exagero, que, no entanto, deveria ser entendido com um propósito puramente pedagógico, conforme refere-se a ele Diógenes Laércio. Se elevava o tom, se pesava a mão com suas provocações, era apenas para dar o exemplo: «Diógenes dizia que imitava o exemplo dos instrutores dos coros; de fato, estes dão o tom mais alto para que todos os outros deem o tom certo».[33]

Ele também deve ter sido um cão incômodo, daqueles que causam mais dores de cabeça do que qualquer outro quando você os leva para passear; um cachorro mordaz, talvez, mas por esse Diógenes é que começo a sentir uma simpatia avassaladora. Sei bem que nunca serei capaz de atingir o nível dele, extremo demais, muito longe da minha índole: continuará sendo um mestre inigualável, um humorista incomparável, um daqueles homens que encontram o caminho para a liberdade arruinando a própria reputação — enquanto eu, para iniciativas desse tipo, sou pequeno-burguesa. Percebo, com uma leve dor, a estreiteza dos meus limites — ainda que, devo admitir, ao final desta bizarra experiência existencial, eles tenham se alargado um pouco. Não é preciso ser um gênio, entretanto, para imaginar o desprezo que Diógenes teria demonstrado pela mordomia e pelo conforto em que vivo.

---

32 Ibid.
33 Ibid., p. 161.

De minha parte, não consigo sequer imaginar onde encontrar coragem para viver, por opção, em um barril; nem para andar descalça pelas ruas da minha cidade, nem para jogar fora meu único copo, já que, como dizia o cínico, para que servem os copos quando se tem um bom par de mãos? Por sorte, no entanto, a escola cínica tem um receituário menos detalhado do que a pitagórica, razão pela qual também posso me poupar do constrangimento de passar o dia de quatro em uma tina. Na ausência de regras específicas, agora eu sei, o que cabe a mim mudar é a forma de pensar: como sempre, vou me adaptar à metamorfose aplicando alguns truques de adestrador, que me fazem assumir certas posturas e atitudes novas. Quando fecho os olhos, vejo Diógenes andar descalço como um louco pelas ruas de Atenas, algo que ele certamente me ensinará a fazer: ele é o guia perfeito em quem confiar, ele que dizia saber comandar os homens e uma vez até tentou ser vendido a um rico senhor de Corinto, alegando que o tal sujeito precisava de um *dono*.

Acolho, com certo orgulho, a inesperada revelação de que meu experimento bizarro não está tão longe de certos métodos que pregava esse «Sócrates enlouquecido», como o chamou Platão. Com quem, aliás, Diógenes sempre teve uma relação singular: segundo o que transparece das anedotas, a relação deles, com brincadeirinhas e piadas maldosas, ostenta um desprezo mútuo tão cordial que sugere ter sido, na verdade, daquelas grandes inimizades de uma familiaridade turbulenta e no fundo amorosa que às vezes surgem entre companheiros de escola ou amigos de infância, ou ainda entre colegas, mas apenas de certas profissões particulares que talvez estimulem a camaradagem ou a picardia — e entre essas profissões eu não incluiria, pelo menos hoje, a do filósofo; na época deles, porém, as coisas deviam ser bem diferentes. Além disso, era crível, então, que em um banquete se encontrassem, para festejar e cortejar uns aos outros, os personagens que aparecem no *Simposio*, em carne e osso.

No entanto, não é que Diógenes tivesse inventado todo o cinismo sozinho; ele também precisava de um mestre, e, na verdade, escolheu-o muito bem. Tal mestre, Antístenes — a quem Diógenes conquistou com uma de suas habituais artimanhas bizarras — era filho de uma escrava, portanto nem sequer gozava dos direitos de cidadão, em Atenas: assim como Diógenes, foi banido por aqueles concidadãos que Diógenes dizia ter condenado a permanecer em Sinope. E Antístenes, que no *Simposio* (o de Xenofonte, não o de Platão) faz um belíssimo discurso sobre o fato de que, quanto mais a gente se acostuma a não precisar de nada, mais se sente — com muito pouco — dona do mundo, é lembrado como o precursor de uma prática a que mais tarde Diógenes aderiu (e muitos outros, incluindo nós, em certo sentido, toda vez que passamos a noite em um saco de dormir): ele dobrou o comprimento de sua capa para conseguir transformá-la mais facilmente em uma cama improvisada, envolvendo-se nela para dormir.

Como diz sempre Laércio, não foi nada fácil para Diógenes conseguir Antístenes como mestre — o que me consola do inevitável desprezo pelos meus confortos que, a depender de suas piadas mordazes, acabo por pressupor nele, enquanto me abandono ao devaneio de uma «eu grega», de túnica e lanterna nas mãos (graciosa homenagem à «procura do homem» inventada pelo próprio Diógenes, que em plena luz do dia perambulava com a lanterna acesa, dizendo: «Procuro o homem»), que bate no barril do Cão para pedir que ele seja seu mestre.

Com Diógenes — que, é preciso admitir, deu provas de uma teimosia considerável —, aconteceu assim:

Chegando a Atenas, encontrou-se com Antístenes; repelido por este, que nunca recebia bem os discípulos, graças à sua perseverança conseguiu convencê-lo. Certa vez, quando Antístenes ergueu o bastão contra Diógenes, este ofereceu a cabeça, acrescentando: «Golpeia, pois não acharás madeira tão dura que possa fazer-me desistir de conseguir que me digas alguma coisa, como me parece que é teu dever». Desde essa ocasião passou a ser seu ouvinte, e na qualidade de exilado adotou um modo de vida modesto.[34]

Fortalecida por seu exemplo, abandono-me sem muitas reservas a imaginar um Cão que, talvez depois de ter me dado uma sonora pancada na cabeça, mostre alguma aprovação pelo meu experimento existencial: e talvez por todo o meu método. Além disso, entre os testemunhos, leio que:

Diógenes dizia que há dois tipos de exercício: o espiritual e o físico. Na prática constante do exercício físico, formam-se percepções que tornam mais diligente a prática da excelência. O exercício físico e o espiritual se integram e se completam. As condições físicas satisfatórias e o vigor são elementos fundamentais para a saúde da alma e do corpo. Aduzia provas para demonstrar que o exercício físico contribui para a conquista da excelência. Observava que tanto os artesãos humildes como os

---

34   Ibid., p. 158.

grandes artistas adquiriam habilidade notável graças ao exercício constante de sua arte, e que os flautistas e os atletas deviam sua superioridade a uma dedicação assídua e fatigante. E, se estes transferissem seus esforços para o aprimoramento da alma, tais esforços não seriam inúteis nem destituídos de objetivo. Com efeito, nada na vida se pode obter sem exercício, e este é capaz de sobrepor-se a todos os obstáculos.[35]

Portanto, ele não só teria aprovado minha tentativa de exercitar a mente por meio da inserção de novos hábitos, mas até a indolência com que enfrento a hipótese de que todo esforço que não seja indispensável pareça, em certo sentido, receber o seu aplauso: «Eliminados, então, os esforços inúteis, o homem que escolhe os esforços requeridos pela natureza vive feliz. A falta de discernimento para perceber os esforços necessários é a causa da infelicidade humana».[36]

Falo a respeito de tudo isso com Marione, que nesse meio-tempo se tornou meu confidente. Ele até concordou em subir para um café *corretto* no estilo sambuca — só, porém, com a garantia de que o buraco no teto ainda não tivesse sido consertado e de que aquela fresta de céu acima da escrivaninha ainda pudesse ser vista. Ele não gosta de casas muito arrumadas, disse-me, como a justificar sua afirmação. Não sem uma certa ostentação, talvez pelo fato de querer me ensinar como nos comportarmos quando a única crença é a liberdade absoluta, cospe no pires (eu, desesperadamente burguesinha, agradeço a cortesia de não acertar no tapete) o primeiro gole de café, porque, sem pensar, coloquei uma colherinha de

---

35   Ibid., p. 170.
36   Ibid.

açúcar nele. Desacostumou-se do açúcar em 1967, me conta. Talvez eu tenha de me resignar à ideia de que nunca poderei me tornar uma cínica integral: cresci no meio do bom e do melhor, muito acostumada àquilo que é luxo desmedido para os verdadeiros andarilhos, os vagabundos autossuficientes que não precisam de nada. Digo a mim mesma que Diógenes, se me encontrasse, nem tentaria me morder; ele me consideraria uma causa perdida como aqueles jovenzinhos que um dia pularam em volta dele dizendo: «Cuidado para que não nos morda!», ao que ele respondeu, sem pestanejar: «Coragem rapazes, um cão não come acelga».[37]

Sou uma acelga, ou melhor, uma beterraba, a julgar pelo modo como fico corada, e com que *pruderie*; lendo em voz alta para Marione — que se apaixonou pelo meu projeto existencial muito mais do que pelo meu café *corretto* — certas passagens da vida de Diógenes contadas por Diógenes Laércio, bati os olhos no parágrafo 46 do livro VI, que diz: «Em certa ocasião esse filósofo masturbava-se em plena praça do mercado e dizia: — Seria bom se, esfregando também o estômago, a fome passasse! —».[38] Eu ri feito louca, mas mesmo da lua você veria como fiquei envergonhada.

Por um instante, um longo instante de que me envergonho, sinto-me em perigo, ameaçada; gostaria que Marione saísse da minha casa, esse homem desconhecido que escarnece e esfrega a barriga numa imitação grotesca do que acabei de ler para ele. Como diabos me ocorreu convidar para entrar em casa um completo desconhecido que há quarenta anos vive na rua? Fico tensa, estou contrariada, quase irritada. Aí ele diz que quer provar se funciona, essa coisa da

---

37 Ibid., p. 163.
38 Ibid.

barriga, e meu coração se aperta: isso significa que ele está com fome e não tem o que comer. Então, como que para me consolar do estado de tensão em que me vê, e para onde o meu estúpido pudor me levou, acrescenta que, porém, nem todos são tão gentis quanto eu.

É isto: eu não queria trocar a minha vida com a dele, mas como ele me é superior, penso, esse homem que em vez de se deixar levar por uma piada *osée* e francamente hilária de mais de dois mil anos, confessa com inocência que devemos encontrar meios para satisfazer as próprias necessidades, enquanto eu, que não tenho nada do que me defender, procuro desinfetar continuamente meu espírito e meu corpo do contágio da vida. Tudo pertence aos sábios, dizia Diógenes, e demonstrou isso com um silogismo extravagante; e este homem aqui, que nada tem, de repente me aparece como um sábio, como alguém que tem o mundo inteiro para si.[39] Sei que estou exagerando um pouco, que toda essa retórica contradiz minha tentativa de cinismo: mas meu espanto é tanto que só posso ser hiperbólica.

Marione me diz que é preciso experimentar as coisas, como se quisesse se justificar pela excessiva confiança de agora há pouco. E imediatamente entendo que ele tem razão. Ele me pergunta como é que eu acho que entendo esses cínicos se nem conheço cachorros. Não sei o que responder.

Eu nunca sei o que responder. Aliás, não, não é verdade: talvez esteja começando a *aprender* a responder. No dia em que o técnico veio e me explicou que o trabalho que eu havia perdido poderia ser recuperado, disse-lhe que não era o caso. E, sem que eu percebesse, era a cínica quem falava em

---

39   «Tudo pertence aos deuses; os sábios são amigos dos deuses; os bens dos amigos são comuns; logo, tudo pertence aos sábios.» [Ibid., p. 161.]

mim: a pessoa que já havia entendido que não importavam mais aquelas obras feitas por uns trocados e para ver o nome impresso em algumas folhas de papel. Eu disse: não há nada a recuperar. E um pouco do sentimento de constante insatisfação, que havia muito tempo eu ligava ao meu trabalho, começou, lentamente, a se dissipar. Fiquei então assustada ao pensar que aquela sensação insidiosa de inadequação talvez nascesse do fato de eu ter perdido de vista o que queria fazer — e por que então me forcei a escolher um trabalho tão ingrato e solitário?

Escrever é um trabalho que paga pouco, exige grande esforço e muita solidão. Provoca confronto contínuo com a própria inépcia, leva a frustrações sem fim: o que na cabeça parece simples e bonito, na realidade quase nunca se assemelha à reconfortante imagem mental que, no início, encantou com a sua perfeição — e é uma grande decepção. Por que fazer isso, então? Comecei porque queria, na medida do possível, aceitar mais facilmente aquilo que não posso mudar; a vida que me apavora é mais tolerável depois de escrita. Eu queria tentar contar as coisas mais singulares, histórias tão incorpóreas quanto minhas fantasias estúpidas — escritas para que outros as pudessem ler, para que talvez perdessem o sinal da minha escabrosa solidão particular para se tornar algo simplesmente humano. Eu queria que elas aliviassem uma dor, por pouco que fosse; ou que ajudassem alguém a finalizar um pensamento, algum outro a se sentir menos solitário por ter dito algo de que agora nem se lembra mais. Que servissem para alguém (alguém desconhecido e invisível) passar umas horas agradáveis, para se lembrar de uma coisa ou para se esquecer de outra. Queria me perder, anular-me nas palavras, quando comecei a escrever. Não consegui: nenhuma página sequer, entre as centenas que estavam no computador inundado, teria conseguido realizar essa tarefa. Então, é melhor jogar tudo fora e recomeçar. Sem arrependimentos, sem dinheiro do adiantamento. Paciência. Porque viver, como dizia Diógenes, não é um mal: mal é viver mal.

Conheço uma senhora que resgata cães abandonados, continua Marione: ele entendeu melhor do que eu que meu silêncio na verdade não nasce da indecisão. Ele me explica como faremos isso, me diz que preciso de um cachorro porque devo manter os pés no chão; eu ainda não tive tempo de dizer uma palavra. Dois dias depois, antes de acabar a minha semana cínica, a sra. Rosanna, por meio de um veterinário de sua confiança, consigna a mim um vira-lata, que chamamos de Cão, ainda provisoriamente, pois não sei se poderei ficar com ele: tudo depende da possibilidade de que, ao longo de um mês, os voluntários do abrigo me considerem capacitada — ou não.

Tenho um cachorro temporário, todo torto, com os pelos eriçados e o rabinho trêmulo. Exploramos juntos as ruas, vamos ao parque correr; conhecemos os outros cães, mastins desanimados, labradores festivos, cavalier kings charles spaniels tímidos e os milhares de cruzamentos imprevisíveis dos nascidos de amores clandestinos enquanto os donos, que nunca sabem de nada, olham para o outro lado. O mundo nunca me pareceu tão vasto.

Aproveitamos o dia, e eu não trocaria esta nova vida pela de mais ninguém. Não poderia invejar ninguém; a vida que estou vivendo, agora que examinei os mínimos detalhes, agora que não tento fazê-la parecida com algum tipo de ideal inatingível, é tão minha que não posso cotejá-la com nenhuma outra, em nenhuma régua de comparação.

Infinitas são as coisas que não tenho, infinitas também as que não conheço; mas, desde que perdi minhas velhas certezas e aprendi a me sujeitar às regras das escolas antigas, reencontrei um prazer perdido havia muito tempo. O de aprender, de tentar, de virar meus pensamentos do avesso, de descobrir que estava errando e que só o fato de descobrir isso é uma oportunidade para tentar fazer um pouco melhor. Perdi muito, e entre as coisas perdidas há também aquelas que eu pensava controlar, possuir, saber: mas isso pelo menos me dá a chance de continuar a procurar, a demandar, a estudar, a espiar a vida de todos os ângulos. Vivo buscando algo que não sei; talvez apenas a felicidade de continuar a buscar. Penso nas palavras de Sócrates: uma vida sem busca não é digna de ser vivida.

Caminho com o Cão pelas ruas do bairro, não tenho nada de meu, sou feliz. Quem sabe eu tenha aprendido a viver um pouco a partir dos filósofos antigos; e talvez seja isso, afinal, o que vale a pena contar.

A estante dos livros usados neste experimento

Textos originais

ARISTÓTELES. *Elenchi sofistici*. Org. de E. Nobile. Bari: Laterza, 1923. [Ed. bras.: *Órganon: Categorias, Da interpretação, Analíticos anteriores, Analíticos posteriores, Tópicos, Refutações sofísticas*, trad. de Edson Bini. São Paulo: Edipro, 2016.]

DIÓGENES LAÉRCIO. *Vite dei filosofi*. Org. de M. Gigante. Roma-Bari: Laterza, 1976. [Ed. bras.: LAÊRTIOS, Diógenes. *Vidas e doutrinas dos filósofos ilustres*, trad. de Mário da Gama Kury. Brasília: Editora da UnB, 2008.]

EPICURO. *Opere*. Texto crítico e trad. de G. Arrighetti. Turim: Einaudi, 1960. [Eds. bras.: *Antologia de textos*. 2. ed. Trad. e notas de Agostinho da Silva. Estudo introdutório de E. Joyau. São Paulo: Abril Cultural, 1980. (Coleção *Os pensadores.*)

__. *Sentenças vaticanas*. Trad. de João Quartim de Moraes. São Paulo: Loyola, 2014.

__. *Carta sobre a felicidade (a Meneceu)*. Trad. de Álvaro Lorencini e Enzo del Carratore. [São Paulo: Editora Unesp, 2002.]

EPITETO. *Diatribe. Manuale. Frammenti*. Org. de G. Reale e C. Cassanmagnago. Milão: Rusconi, 1982. [Ed. port.: *As diatribes*, livro 1. Trad. de Aldo Dinucci.

Coimbra: Editora da Universidade de Coimbra, 2020. (edição digital.)]

__. *Manuale*. Trad. it. de G. Leopardi, org. de A. Banfi. Milão: Feltrinelli, 2017. [Ed. bras.: ARRIANO, Flávio. *O Encheirídion de Epicteto*. Edição bilíngue, trad do texto grego e notas de Aldo Dinucci e Alfredo Julien. São Cristóvão: Universidade Federal de Sergipe, 2012.]

ESOPO. *Favole*. Org. de E. Ceva Valla. Milão: Rizzoli, 2016. [Ed. bras.: *Fábulas completas*. Trad. de Maria Celeste C. Dezzotti. São Paulo: Cosac Naify, 2013.]

JÂMBLICO. *La vita pitagorica*. Org. de M. Giangiulio. Milão: Rizzoli, 1991.

LUCRÉCIO. *La natura delle cose*. Org. de I. Dionigi. Milão: Rizzoli, 1994. [Ed. port.: *Da natureza das coisas*. Trad. de Luís Manuel Gaspar Cerqueira. Lisboa: Relógio d'Água, 2015.]

MARCO AURÉLIO. *I Ricordi*. Trad. it. de F. Cazzamini-Mussi e C. Carena. Turim: Einaudi, 1986. [Ed. bras.: *Meditações*. Trad. de Edson Bini. São Paulo: Edipro, 2019.]

OVÍDIO. *Le metamorfosi*. Org. de R. Corti. Milão: Rizzoli, 1994. [Ed. bras.: *Metamorfoses*. Trad. de Domingos Lucas Dias. São Paulo: Editora 34, 2017.]

PLATÃO. *Apologia di Socrate*. Org. de G. Reale. Milão: Bompiani, 2000. [Ed. bras.: *Apologia de Sócrates*. Trad. de André Malta. Porto Alegre: L&PM, 2008.]

__. *Fedone*. Org. de M. Valgimigli e B. Centrone. Roma-Bari: Laterza, 2005. [Ed. bras.: *Fédon*. Trad. de Carlos Alberto Nunes.]

__. *Parmenide*. Org. de G. Cambiano. Roma-Bari: Laterza, 2003. [*Parmênides: o uno e o múltiplo, as formas inteligíveis*. Trad. de Carlos Alberto Nunes.]

__. *Simposio*. Org. de G. Colli. Milão: Adelphi, 1979.

[Ed. bras.: *O banquete: o amor, o belo*. Trad. de Carlos Alberto Nunes.]

__. *Teeteto*. Org. de F. Trabattoni. Turim: Einaudi, 2018. [Ed. bras.: *Teeteto: o conhecimento*. Trad. de Carlos Alberto Nunes.]

PLUTARCO. *Vite parallele*, v. 3. Org. de M. L. Amerio e D. P. Orsi. Milão: Utet, 2010. [Ed. bras.: *Vidas paralelas: Plutarco*. Trad. de Gilson César Cardoso. São Paulo: Paumape, 1991.]

PORFÍRIO. *Vita di Pitagora*. Org. de A. R. Sodano e G. Girgenti. Milão: Rusconi, 1998. [Ed. bras. Vida de Pitágoras. Trad. de Juvino A. Maia Junior. Belo Horizonte: Nova Acrópole, 2021.]

SÊNECA. *Lettere a Lucilio*. Org. de G. Monti. Milão: Rizzoli, 1993. [Ed. bras.: *Edificar-se para a morte: Das cartas morais a Lucílio*. Trad. de Renata Cazarini de Freitas. Petrópolis: Vozes, 2016.]

SEXTO EMPÍRICO. *Contro i logici*. Org. de A. Russo. Roma -Bari: Laterza, 1975.

__. *Schizzi pirroniani*. Org. de A. Russo. Roma-Bari: Laterza, 1999.

SUETÔNIO. *Vite dei cesari*. Org. de F. Dessí. Milão: Rizzoli, 1982. [Ed. bras.: *A vida dos doze césares*. Trad. de Sady-Garibaldi. Rio de Janeiro: Ediouro, 2003].

XENOFONTE. *Simposio*. Org. de A. Giovanelli. Milão: La Vita Felice, 2007. [Ed. bras.: *O Banquete*. Trad. de Tânia Martins Santos Fernandes. In: FERNANDES, Tânia Martins Santos. *O discurso amoroso em* O Banquete, *de Xenofonte*. Rio de Janeiro: UFRJ (Programa de Pós-Graduação em Letras), 2004.]

Coletânea de fragmentos

I presocratici. Prima traduzione integrale con testo a fronte delle testimonianze e frammenti nella raccolta di Hermann Diels e Walther Kranz. Org. de G. Reale. Milão: Bompiani, 2006.

Stoicorum Veterum Fragmenta. Org. de J. von Arnim, 4 vol. Stuttgart: Teubner, 1964 4 v.

Obras de referência

ABBAGNANO, N. *Dizionario di filosofia.* Milão: Utet, 2013. [Ed. bras. Dicionário de Filosofia. 6. ed. Trad. de Ivone Castilho Benedetti. São Paulo: Martins Fontes, 2012.]

CAMBIANO, G.; MORI, M. *Storia e antologia della filosofia,* vol. 1. Roma-Bari: Laterza, 2001.

DE CRESCENZO, L. *Storia della filosofia greca. Da Socrate in poi.* Milão: Mondadori, 1986. [Ed. bras.: *História da filosofia grega: de Sócrates aos neoplatônicos.* Trad. de Mario Fondelli. Rio de Janeiro: Rocco, 2012.]

RUSSELL, B., *Storia della filosofia occidentale,* 1971. [Ed. bras.: *História da filosofia ocidental,* trad. de Hugo Langone. Rio de Janeiro: Nova Fronteira, 2015.]

VATTIMO, G. (org.). *Enciclopedia di Filosofia.* Milão: Garzanti, 2004.

Ensaios

ANZALONE, L.; MINICHIELLO, G. *Lo specchio di Dioniso. Saggi su Giorgio Colli.* Bari: Dedalo, 1984.

BLUMENBERG, H. *La caduta del protofilosofo.* Parma: Pratiche, 1983.

BURNET, J. *Early Greek Philosophy.* Londres: A&C Black

Ltd, 1920. [Ed. bras.: A aurora da filosofia grega. Trad. de Vera Ribeiro. Rio de Janeiro: Contraponto; Editoria PUC- Rio, 2006.]

CARROLL, L., «What the Tortoise said to Achilles». *Mind*, v. 4, n. 14, pp. 278-80, 1895.

DE LUISE, F.; FARINETTI, G. *I filosofi parlano di felicità*. Turim: Einaudi, 2014.

DETIENNE, M. *I giardini di Adone*. Turim: Einaudi, 1972.

DIANO, C. *Il pensiero greco da Anassimandro agli stoici*. Turim: Bollati Boringhieri, 2018.

FESTUGIÈRE, A.-J. *Épicure et ses dieux*. Paris: Presses Universitaires de France, 1946.

GALIMBERTI, U. *Il corpo*. Milão: Feltrinelli, 2002.

HADOT, P. *Che cos'è la filosofia antica*. Turim: Einaudi, 2010. [Ed. bras.: *O que é a filosofia antiga?*. Trad. de Dion Davi Macedo. São Paulo: Loyola, 1999.]

__. *Esercizi spirituali e filosofia antica*. Turim: Einaudi, 2005. [Ed. bras.: *Exercícios Espirituais e Filosofia Antiga*. Trad. de Flávio Fontenelle e Loraine de Fátima Oliveira. São Paulo: É Realizações, 2014.]

__. *La cittadella interiore. Introduzione ai «Pensieri» di Marco Aurelio*. Milão: Vita e Pensiero, 2006.

__. *La felicità degli antichi*. Milão: Raffaello Cortina, 2011.

OATES, W. J., *The Stoic and Epicurean Philosophers*. Nova York: Modern Library, 1957.

VERNANT, J.-P. (org.). *L'uomo greco*. Roma-Bari: Laterza, 2005. [Ed. port.: *O homem grego*. Trad. de Maria Jorge Vilar de Figueiredo. Barcarena: Presença, 1994. (Coleção «O homem e a história» — V. IV.)]

Outros textos citados

GOZZANO, G. *Tutte le poesie*. Milão: Mondadori, 1991.

MONTAIGNE, M. de. *Saggi*. Milão: Adelphi, 1992. [Ed. bras.: *Ensaios*. Trad. de Sérgio Milliet. São Paulo: Editora 34, 2016.]

VALÉRY, P. *Il cimitero marino*. Milão: il Saggiatore, 1984. [Ed. bras.: *O cemitério marinho*. Trad. e notas de Jorge Wanderley. São Paulo: Max Limonad, 1984.]

Das Andere

21. Goliarda Sapienza
Ancestral
22. Rossana Campo
Onde você vai encontrar
um outro pai como o meu
23. Ilaria Gaspari
Lições de felicidade
24. Elisa Shua Dusapin
Inverno em Sokcho
25. Erika Fatland
Sovietistão
26. Danilo Kiš
Homo Poeticus
27. Yasmina Reza
O deus da carnificina
28. Davide Enia
Notas para um naufrágio
29. David Foster Wallace
Um antídoto contra a solidão
30. Ginevra Lamberti
Por que começo do fim
31. Géraldine Schwarz
Os amnésicos
32. Massimo Recalcati
O complexo de Telêmaco
33. Wisława Szymborska
Correio literário
34. Francesca Mannocchi
Cada um carregue sua culpa
35. Emanuele Trevi
Duas vidas
36. Kim Thúy
Ru
37. Max Lobe
A Trindade Bantu

38. W. H. Auden
Aulas sobre Shakespeare
39. Aixa de la Cruz
Mudar de ideia
40. Natalia Ginzburg
Não me pergunte jamais
41. Jonas Hassen Khemiri
A cláusula do pai
42. Edna St. Vincent Millay
Poemas, solilóquios
e sonetos
43. Czesław Miłosz
Mente cativa
44. Alice Albinia
Impérios do Indo
45. Simona Vinci
O medo do medo
46. Krystyna Dąbrowska
Agência de viagens
47. Hisham Matar
O retorno
48. Yasmina Reza
Felizes os felizes
49. Valentina Maini
O emaranhado
50. Teresa Ciabatti
A mais amada
51. Elisabeth Åsbrink
1947
52. Paolo Milone
A arte de amarrar as pessoas
53. Fleur Jaeggy
Os suaves anos do castigo
54. Roberto Calasso
Bobi

Dados Internacionais
de Catalogação na Publicação (CIP)
(Câmara Brasileira do Livro, Brasil)

Gaspari, Ilaria
    Lições de felicidade : exercícios
filosóficos para o bom uso da
vida / Ilaria Gaspari ; tradução
Cezar Tridapalli. -- Belo
Horizonte, MG : Editora Âyiné,
2024.
Título original: Lezioni di felicità:
esercizi filosofici per il buon uso
della vita
Isbn 978-65-5998-155-7
1. Ética (Moral filosófica)
2. Felicidade (Filosofia)
3. Filosofia
4. Filosofia grega antiga
I. Título.
    23-157576
    CDD-170

Índices para catálogo sistemático:
1. Romances :
1. Felicidade : Filosofia 170
Eliane de Freitas Leite
    Bibliotecária CRB-8/8415
Nesta edição, respeitou-se
    o Novo Acordo Ortográfico
    da Língua Portuguesa.